奇迹的终结

日本经济倒退了吗?

[日] 加谷珪一 ————著

张磊 ————译

中国科学技术出版社

·北 京·

北京市版权局著作权合同登记 图字：01-2022-0080。

图书在版编目（CIP）数据

奇迹的终结：日本经济倒退了吗？ /（日）加谷珪一著；张磊译 . —北京：中国科学技术出版社，2022.5

ISBN 978-7-5046-9589-5

Ⅰ . ①奇… Ⅱ . ①加… ②张… Ⅲ . ①经济发展—研究—日本 Ⅳ . ① F131.34

中国版本图书馆 CIP 数据核字（2022）第 072407 号

策划编辑	申永刚　杨汝娜
责任编辑	申永刚
封面设计	马筱琨
版式设计	蚂蚁设计
责任校对	张晓莉
责任印制	李晓霖

出　版	中国科学技术出版社
发　行	中国科学技术出版社有限公司发行部
地　址	北京市海淀区中关村南大街 16 号
邮　编	100081
发行电话	010-62173865
传　真	010-62173081
网　址	http://www.cspbooks.com.cn

开　本	880mm×1230mm　1/32
字　数	97 千字
印　张	6.25
版　次	2022 年 5 月第 1 版
印　次	2022 年 5 月第 1 次印刷
印　刷	北京盛通印刷股份有限公司
书　号	ISBN 978-7-5046-9589-5/F·1005
定　价	59.00 元

前言
日本已不再是发达国家

"日本是全球屈指可数的发达国家之一",对于很多人而言,这个概念是常识。但是这一常识已经开始被打破。

人均国内生产总值(GDP)是可以评价国家富裕程度的指标。日本的人均国内生产总值在主要发达国家[①]中曾位居第一。但是,日本的排名逐年下滑,现如今已处于和意大利争夺较低名次的境地。按照这个速度,在不远的将来,甚至有可能被韩国反超。另有大量数据显示,日本的经济实力呈显著下降态势。

瑞士洛桑国际管理发展学院(IMD)公布的《2019年世界竞争力报告》显示,日本的世界竞争力排名在63个国家中

[①] 主要发达国家指在经济实力、人口数量、国际影响力等方面都占据优势的发达国家,一般指美国、日本、德国、英国、法国、意大利、加拿大、韩国、澳大利亚、西班牙、荷兰这11个国家。——译者注

已跌至第30位，是1997年以来的最低名次；平均工资在经济合作与发展组织（OECD，以下简称"经合组织"）的35个成员中仅排名第19位。

经合组织的调查结果显示，日本相对贫困率在39个国家中排名第29位，公共教育支出占国内生产总值比例在43个国家中排名第40位，养老金收入替代率在49个国家中排名第40位，残疾人公共支出占国内生产总值比例在36个国家中排名第31位，失业公共支出占国内生产总值比例在34个国家中排名第32位，这些现状已到了令人吃惊的程度。

日本变穷的原因是多方面的，但最大的一个原因是日本的劳动生产率还处于较低水平且发展缓慢。

从经济学角度来说，劳动生产率和工资密切相关，如果劳动生产率低，工资就不会轻易上涨。而在工资低的情况下，家庭开支紧张会导致消费不振，进而削弱企业的设备投资。设备投资的低迷，不仅会对当前经济产生负面影响，而且对未来经济增长也会产生不利影响（设备投资减少将导致工厂、门店和研究设施的更新延迟，并阻碍长期增长）。

为了不至于进一步沦落为穷国，日本必须不惜一切代价提高劳动生产率。虽然很多人都听说过"劳动生产率"这个关键词，但坦白地说，这个词的内涵却鲜为人知。

本书的目的是尽可能简单地解释"劳动生产率"的概念。而这个概念是让日本重新变得富裕的关键所在。书中不仅有表示劳动生产率的公式等教科书式的解释，还通过"拜访恐怖主义"和"不工作的老头"等具体实例，通俗易懂地解释什么是劳动生产率以及如何提高劳动生产率等。

劳动生产率指标可以分解为"利润""工作时间"和"员工人数"三个因素（详见后述）。简而言之，如果你能在短时间内，用少量的人赚取更多的利润，那么企业的劳动生产率就会提升。而劳动生产率的提升最终会带动日本经济的复苏。

您可以从任何位置开始阅读本书，但建议您先读第1章，第1章是关于劳动生产率的入门知识，第2章与第3章讨论提高劳动生产率的具体措施，第4章是笔者对如何重振日本经济的一些看法及建议。

目录

第1章
日本变穷的原因皆可以用劳动生产率来解释

● 日本不再是富裕的发达国家

正如前言中所述，所谓"日本是一个富裕的发达国家"这一常识已开始被打破。日本经济实力的下降如实地体现在了工资上。

2018年，有一位在日本工作的厨师决定跳槽到中国澳门的餐厅工作，年收入翻了两番。这个事件一度成为当年的网络热点。据称，这位在推特（Twitter）上发布消息的日本厨师不仅工资增加了，还获得了公司全额承担医疗费用（包括牙科门诊）的优厚待遇。他在日本餐厅的职位是副厨师长，这是一个高素质人才的案例。但同样是厨师的工作，日本和其他国家的年收入差异却如此之大，令人惊讶。

中国澳门地区的人均生产总值是日本的两倍多。人均国内生产总值可以视为一个国家或地区的平均工资，因而中国澳门的人均年收入超过800万日元也不足为奇。中国澳门被称作世界上最富有的地区之一，大型赌场鳞次栉比。而日本服务业的从业人员工资却异常低。这种跳槽到中国澳门后工资翻两番的案例，可能属于略微特殊的一类，但日本越来越穷却是不可辩驳的事实。尽管日本各类人才的收入水平存在差异，但类似这位厨师的案例时有发生。

大学毕业生的起薪亦是如此。此前，中国通信设备制造商华为的日本子公司为大学毕业生提供了每月超过40万日元的起薪。这一消息在日本一度引发广泛热议。华为在就业信息杂志上公布的应届毕业生起薪显示，本科毕业生的月薪约为40万日元，硕士毕业生约为43万日元。而日本企业为大学毕业生提供的起薪在20万日元左右，即使是工资较高的公司也只有约25万日元。显而易见，日本企业的工资偏低。虽然华为是一家中国公司，但其并没有专门为日本人提供特别高的年收入。

近年来，随着全球化进程的发展，企业活动的标准化在全球范围内不断推进，在超过一定水准的企业中，就员工待遇而言，地区间的差距正在缩小。欧美企业的技术类员工的每月起薪往往在50万日元左右，所以华为日本子公司的起薪并不是特别高。

在日本，降低手机通信费已成为政治议题，日本政府已敦促电信公司降低通信费。电信公司起初将其视为政府对市场的干预，因而表示反对。但日本规模最大的电信公司都科摩公司（NTT DoCoMo）对降价做出了回应，导致部分费用下调。

手机行业是一个典型的设备行业，每家公司都会进行类似的设备投资。除非设定收费标准限制，否则不同地区的通信费并没有太大差异，而且日本总务省①的一项比较调查并没有显示只有日本的收费特别高（相比较而言，倒不如说是收费制度不透明更成问题）。从这个意义上说，日本政府关于通信费过高的说法尽管并不正确，但也并非完全错误。其真正原因是日本与其他国家相比，正在相对变得贫穷。

在当前日本人的收入正在相对下降的情况下，即使通信费相同，对人们生活的影响也会大不相同。假设通信费为每月1万日元，在大学毕业生起薪为每月40万日元的国家和起薪为每月

---

① 日本中央省厅之一，其主要管理范围包括行政组织、公务员制度、地方行财政、选举制度等。——译者注

20万日元的国家，大家对通信费高低的感受自然不一样。

正如前面解释过的，日本之所以正在变穷，最大的原因是日本的劳动生产率与其他国家相比仍然很低，而且发展缓慢。日本生产性本部的数据显示，2017年日本的劳动生产率为47.5美元/小时，在主要发达国家中处于最低位置。排名第一的美国为72美元/小时，排名第二的德国为69.8美元/小时，由此可见，日本的劳动生产率仅为美国和德国的三分之二左右（见图1-1）。这里重要的一点是，日本的劳动生产率并非最近才处于下滑状态，而是长期处于低位。因此，可以说日本的劳动生产率过低的现象并非刚刚开始。

（美元/小时）

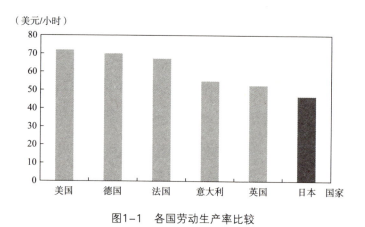

图1-1　各国劳动生产率比较

资料来源：日本生产性本部。

实际情况是，日本的劳动生产率自20世纪70年代以来在发达国家排名中始终最低，且从未有过提升。不过，20世纪70年代的日本仍处于脏乱不堪的街道随处可见、发展中国家的气氛仍然非常浓厚的时代，劳动生产率低下、社会一定程度上很贫穷等问题或许在所难免。然而，即使到了将近50年后的今天，劳动生产率排名仍然毫无变化，这就成了一个大问题，许多日本人感受到的贫困皆由此而来。

宏观经济方面，劳动生产率与工资密切相关。除非劳动生产率提高，否则工资基本不会上涨。日本的工资在过去20年里急剧下降。既然劳动生产率没有提升，工资不涨也就成了必然的结果。劳动生产率高的国家往往工作时间更短，所以低劳动生产率是日本长时间加班泛滥的主要原因。

在后文中笔者将更多地讨论劳动生产率，但造成劳动生产率偏低的原因无非是员工在做一份创收不多的工作；员工人数过多；员工在工作上花费了太多的时间。多数情况下，这三点都符合，日本的情况也不例外。

例如，一家日本公司产出1万美元，平均需要调动29名员工，工作时间超过7小时。然而，美国公司的工作时间虽然与日本同为7小时，但只需要19名员工。德国需25名员工，比美国多；但工作时间少了1个多小时，不到6小时就可以完成。换句话说，除非大量人员长时间工作，否则日本公司无法获得相同的收入（见图1-2）。

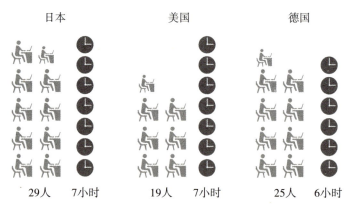

图1-2　产出1万美元所需的员工人数和工作时间

资料来源：笔者根据经合组织和国际货币基金组织（IMF）资料整理。

换句话说，日本企业的业务与其他国家相比，附加值低且劳动密集，这是拉低劳动生产率的最大因素。

● 日本并非出口大国

也许很多人都有一个共识，即日本擅长制造，是一个出口导向型国家。近年来，越来越多的人指出日本的竞争力有所下降，但反过来说，这样说的前提是它曾经是一个制造大国。然而，这一表述仅仅是日本人的自我印象，现实情况则大相径庭。至少与其他发达国家相比，日本既不是制造大国，也不是出口大国。

日本2017年名义国内生产总值约为5470000亿日元，同年出口额（国内生产总值基准）约为980000亿日元，出口额占国内生产总值的比重约为18%。从国际上看，这一数字并不属于较高的一类。同年德国的出口额占国内生产总值的47%。即使通常不被视为出口大国的法国和英国也分别有

31％和30％，只有世界第一大消费国美国（12％）比较接近日本的数字。

　　日本在全球贸易中的份额并不高。2017年，中国（10.6％）在全球出口中的份额最高，其次是美国（10.2％）和德国（7.7％）。日本的份额只有3.8％，仅为第三名德国的一半。德国的国内生产总值排名在日本之后，但出口却是日本的两倍多。此外，德国在全球出口中的份额保持在大致稳定的水平，而日本的份额自20世纪80年代后半期以来一直在下降（见图1-3）。

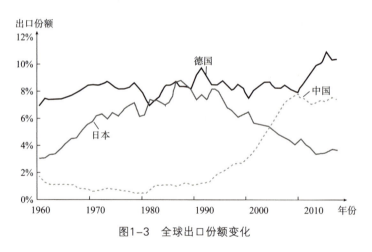

图1-3　全球出口份额变化

（注：德国的部分数据为估算）

资料来源：笔者根据世界银行、国际货币基金组织资料整理。

　　综上所述，日本的出口额在全球所占份额很小，而出口额占日本经济的比重也很低。尽管也有像美国这样的国家，其经济规模尤为庞大，出口额在本国经济中的占比虽然不是特别高，但在全球出口额中的份额却很大，而日本则不然。另外，日本也不是德国的模式，德国的出口额在本国经济中的比重极高，同时在全球出口额中的比重也很高。

　　从日本的现状来看，我们理应将日本视为中等消费型国家，而不是出口大国。仅从这一点即可看出，这与我们通常对日本的印象相去甚远。

　　再往前回溯，日本的出口份额一度较高，但转瞬即逝。1960年之前，日本还是一个战败氛围浓厚的贫穷社会，日本企业生产的产品普遍被人们认为"廉价或劣质"，因此其出口份额也相应走低。然而，进入20世纪60年代后，日本在全球贸易中的出口份额开始上升，到20世纪80年代已与德国处于同一水平。20世纪70年代到80年代，日本作为出口导向型国家的趋势变得更加强烈。然而，在这个时期达到顶峰后，日本在全球贸易中的出口份额一直稳步下降，失去了出口导向型国家的特征。

　　很多专家指出，20世纪80年代是日本制造业的高峰期，这也符合我们的直观感受。我们应当看到，自20世纪80年代后期泡沫经济破灭以来，日本制造业的国际竞争力显著削弱。然而，日本经济的结构与这一现实恰恰相反。尽管日本在世界贸易中的出口份额以及作为出口国的地位双双下降，但出口在日本经济中的占比却自此步入上升通道。

　　尽管出口行业竞争力下降，但国内经济对出口的依赖度增加，出现这种现象只有两个可能的原因：一是国内经济大幅下滑，出口依存度相对增加；二是货币贬值导致出口增加。实际上，对日本来说这两方面原因都存在。

　　自泡沫经济破产以来，日本出口额占国内生产总值的比重出现过两次大幅上升。一次是2003—2007年，另一次是2013—2018年。前者是雷曼兄弟公司破产前美国泡沫经济导致日元贬值的时期，后者是日本量化宽松政策导致日元贬值的时期。换言之，近年来日本出口额占国内生产总值的比重的上升是受汇率的影响，而不是日本企业竞争力增强的结果。

● 只有长时间工作才能赚到钱

日本劳动生产率低下的最显著表征是已成为日本公司特点的长时间工作。

到目前为止，日本员工加班到午夜是很常见的事情。但由于过劳死、自杀等问题，长时间工作一直广受诟病。2019年4月，日本的《工作方式改革关联法》开始施行，该法对无限制加班做出了严格限制。

在日本，《劳动基准法》规定了法定的工作时间为每人每天8小时、每周40小时，原则上不得超过该标准。但是，该法存在一个漏洞，只要在劳动者与公司达成协议的情况下，可以允许公司让劳动者超出法定工作时间工作。这就是所谓的"36协定"（Saburoku Agreement）。有人称该协定的存在正是日本企业强制无限制加班的原因，呼吁对其进行调整，从而促成了此次法律的修订。

自2019年4月起，日本法律将加班时间原则上限制为每人每月45小时，每年360小时，违规将受到处罚。在现有法律规定下，加班本身有望减少，但这并不能从根本上解决问题。长时间加班在日本普遍存在，虽有法律规定较为宽松的原因，但问题的本质则是日本经济没有回旋余地。

日本人自19世纪80年代以来，员工的工作时间就太长，此后主要以大公司为代表，工作时间逐步减少。日本人2016年全年的人均工作时间为1713小时，而在泡沫经济破灭前的1990年则超过了2000小时。尽管有所减少，但与德国人（1363小时）和法国人（1472小时）相比，工作时间仍然相当长。

此外，由于该统计数据是根据企业提交的文件得出的，因此不包括非正式加班（即免费加班）。在日本，免费加班很可能比比皆是，因此人们会理所应当地认为实际工作时间其实更长。如果每小时可以生产的产品和服务的数量相同，那么简单地减少工作时间，就会导致生产总值相应下降。如果生产总值下降，销售额和利润就会下降，因而工资自然会随之减少。

为了在不减少工资的情况下减少工作时间，就必须提高单位时间的产值，而这正是本书的主题，即提高劳动生产率。一些公司正在与时俱进，通过改变商业模式，提高劳动生产率，同时实现工资上涨以及工作时间的减少。然而，很多日本企业始终未能摆脱以大量生产和薄利多销为基础的"昭和商业模式"。更何况这种大量生产的商业模式现如今已是新兴经济体具有绝对优势的领域，所以日本企业不得不和那些工资远低于日本的国家竞争。其结果就是，大量日本企业依赖于长时间加班的状况仍然持续着。

随着《工作方式改革关联法》的实施，一些企业采取了统一减少加班时间等临时措施，但这会适得其反。在不提高劳动生产率的情况下，减少工作时间可能会导致公司的业绩下降，并进一步降低工资。但是，要提高劳动生产率，就必须彻底改变公司的商业模式，并且必须为此进行人员的重新分配等重组工作。而对于此类改革，许多员工表现出抵触情绪，因而大多数公司止步于临时措施。

日本人过度工作的根本原因是日本企业的低附加值商业

模式以及低劳动生产率，但日本社会并没有直面这一问题，而只是采取了一些简单的对策。这种治标不治本的"对症疗法"在日本人处理休假的方式上也有所反映。

前面提到日本人每年的工作时间很长，然而日本假期的天数即使在发达国家中也是最多的之一。日本周末以外的假期为17天（2019年），其他发达国家通常为10天或更少。当我们考虑带薪休假天数及其取得率①时，情况就完全改变了。日本的带薪休假天数少，取得率低，日本人常常在假期依旧坚守在岗位上。换个角度来说，由于无法纠正过度工作这一问题，因此可以说日本人是在用所有人一起休假来欺骗自己。但是，如前所述，在不提高劳动生产率的前提下，强行减少加班时间或增加假期天数并不能减少工作总量，所以问题也不会得到完全解决。相反，实际情况可能是产生更多的不利影响。

日本的大量假期对金融市场产生了现实的负面影响。在日本的黄金周期间，人们几乎无法在日本交易股票。如果市

---

① 带薪休假取得率为实际休假天数除以总天数。——译者注

场长时间休市，在此期间即使发生紧急情况，投资者也无法买入或卖出，因此长假本身就会成为一个风险因素。简而言之，一个假期较多的市场可能会让投资者敬而远之，这反过来又会降低人们对整个市场的信心。

日本股市的休市太多，不仅仅是在黄金周这样的特殊时期，即使在正常的工作日，日本股市的休市也比较多。东京证券交易所的股票交易时间为工作日的9:00—11:30和12:30—15:00，共只有5小时。人们把上午的交易称为前场，下午的交易称为后场，但是放眼世界，主要发达国家的股票市场大多没有午休时间，而且交易时间也比东京证券交易所更长。

日本股市不仅一天当中交易时间极短，而且在世界上也是休息日最多的，很多时候都不能交易。虽然声称日本股市地位下降、号召采取对策的呼声逐年增加，但对于全球投资者而言，自然不会选择假期过多的市场。

从日本社会的氛围来看，人们并不满足于悠闲做生意。那么为什么日本有这么多假期，股市也休市不断呢？原因是人力资源浪费多，劳动生产率低下，所以如果不强制休假，业务就无法顺利运转。

尽管人们一年到头都忙于工作，但假期也出奇地多，可以说这就是日本社会的扭曲所在。

● 便利店发生过劳的原因

在日本，便利店是否应该24小时营业已经成为一个重大的社会问题，实际上，这一话题也与劳动生产率问题息息相关。

便利店24小时营业的问题得以显露，是因为规模最大的柒一拾壹便利店（7-11便利店）的一家会员店缩短了营业时间，并且关于合同内容与总部出现了矛盾。

似乎世界上所有的24小时营业便利店都有走弱的趋势，但这只是一种流于表面的看法。诚然，所有门店都被迫24小时营业，这让一些加盟店的管理变得困难。然而加盟店的经营陷入困境则另有原因。便利店加盟店与总部的合同内容根据开店所需的土地和费用由谁承担而有所不同，但一般来说，对加盟店比较严格，加盟店的获利不多。即便如此，在市场不断扩大的时代，得益于销售额每年都在增加，因此利润也随之增加，加盟商勉强可以维持经营。然而，情况在过去几年发生了重大变化。

截至2018年2月，柒一拾壹便利店的门店总数为20260家，5年内增长35%，但同期单店销售额增幅不大。在此期间，由于客单价有所上涨，因此某些门店的访客人数可能反而有所减少。

由于加盟店的销售额没有增加，因而其利润也同样没有增加，但人工成本却猛增，这使得一些门店难以支付员工工资，导致深夜营业变得困难。也就是说，最大的问题是便利店业务的劳动生产率低迷，进而造成加盟店的利润也相应下降。如果便利店的销售额稳定增长，即劳动生产率不断提高，利润也持续增加，那么商家也就不会陷入财务困境。

便利店劳动生产率下降的原因有多种，比如门店过度开店、药店等竞争业态兴起，以及与一些加盟商签订霸王条款等。本书的目的并非讨论便利店的业务，所以在此不再赘述，但希望大家能够明白问题的本质在于"劳动生产率"。

德国和法国经常被拿来当作限制深夜和假期营业的例

子。德国有一项众所周知的《商店停止营业时间法》，用于规范零售店的深夜和假期营业。法国也有类似的规定，根据所属种类，部分零售商不得在深夜或节假日营业。尽管这两个国家都逐步放松了管制，24小时营业的店铺数量也有所增加，但与日本相比，深夜或节假日营业的店铺数量仍然非常少。其实这一部分非常重要。

在德国，放松管制的倾向尤为显著。但是，许多店铺并没有因为管制措施的大幅放松而改为24小时营业。即使不受法律约束，在深夜和节假日关门停业的店铺仍占多数。以法国为例，过去就一直有店铺在深夜和节假日营业，所以实际上本来就没有什么不便。基于这一背景，也就没有那么多店铺会因为管制放松而转为24小时营业。也就是说，无论是法国还是德国，似乎都并不打算让经营者强行延长营业时间。

经营者不必强行延长营业时间，是因为德国和法国劳动生产率高，企业基本上都在赢利。如果企业是在无法赢利且劳动生产率低下的状态下，无论如何讨论营业时间，也都找不到合适的解决方案。

● 劳动生产率仅由三个因素决定

如前所述，日本已不再是一个繁荣的发达国家，而其中最大的原因就是劳动生产率低下。

劳动生产率问题已经在媒体上多次被报道，所以这个词本身很多人都有耳闻，但是如果直接被问"什么是劳动生产率"，他们可能会发现很难回答。如果不知道劳动生产率的定义，就无法分析情况，也就无法开出正确的处方。为了认真对待这个问题，我们首先要了解劳动生产率的定义。

劳动生产率等于企业的增加值除以劳动量（见图1-4）。

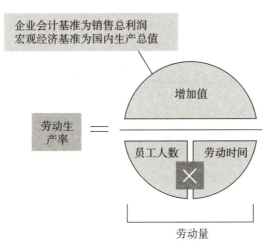

图1-4 劳动生产率的定义

关于什么是增加值，存在多种计算方式，但就企业会计基准而言，通常使用会计中的销售总利润（即毛利润），而在宏观经济基准中，通常使用所有企业毛利润的总和，即国内生产总值。对于劳动量，我们通常使用员工人数乘以劳动时间得出的数字。换言之，劳动生产率等于公司获得的利润除以员工人数和劳动时间的乘积。如果用公式表示，分子是企业获得的毛利润（宏观经济层面为国内生产总值），分母则是"员工人数 × 劳动时间"，劳动生产率的定义就是这样。

简而言之，劳动生产率由三个要素组成：①增加值；②员工人数；③劳动时间。换句话说，如果要提高劳动生产率，必须改变这三个要素的其中之一，除此之外，别无他法。从公式上看，分子是增加值，分母是员工人数和劳动时间。所以，如需提高劳动生产率，要么增加分子，要么减小分母，要么双管齐下。即只有三种操作方式：提高增加值（增加利润）、减少劳动时间、减少员工人数。

有些人总想让简单问题复杂化，这是让讨论陷入混乱的一个因素。刻意让话题变复杂，这样的行为只不过是这些人故弄玄虚，想要彰显自己知识渊博罢了。笔者想再次强调，要想提高劳动生产率，让我们的生活变得富裕，方法只有增加利润、减少员工人数或减少劳动时间。这是一个非常重要的点，请务必记住它。更直白地讲，要想提高劳动生产率，应该做更有利润的生意，尽可能减少员工人数，同时缩短劳动时间。

请大家回想一下前面举过的例子：多少员工，需要工作多少小时，才能赚到1万美元。套用这个公式，问题就等同于在分子的增加值（利润）固定为1万美元时，如何提高劳动生产率。在日本、美国和德国的比较中，日本投入的人数最多，且劳动时间最长。

如果日本的劳动生产率与德国或美国一样高，那么多出的这部分人力资源和劳动时间即可用于其他工作。这意味着将创造新的就业机会，根据宏观经济学的定义，将进一步促成国内生产总值的增长。随着国内生产总值的增长，国民的总收入也会增加，这将直接关系到富裕程度。

在日本公司的内部，很多人实际上几乎没有工作（后面将解释这个问题）。就单个企业而言，这一问题无非是浪费较多而已。但是，如果将视角扩展到整个国家的经济层面，则会变成另一个话题。

公司里人浮于事，有些人实际上没有工作，这意味着从经济整体来看，相应数量的生产力被牺牲掉了。在经济不景气的时候，即使生产出东西也往往很难卖出去（即没有需求），但是如果你不生产出满足需求的产品，就不会刺激需求，因而生产力将被牺牲掉。这对经济来说是一个很大的负面因素。一家企业，应当尽可能不养闲人，而对于整体经济而言，富裕的源泉在于尽可能多地生产。

我们在这里讨论的问题是假设每个国家的增加值都是1万美元，但在现实中，增加值的金额会发生很大的变化。即使日本企业有多余的员工和过长的劳动时间，如果分子的增加值足够大，也可以用来弥补相应的减损。

美国的劳动生产率几乎是日本的两倍，但劳动时间却与日本不相上下。美国的高劳动生产率得益于员工人数少，加上作为分子的增加值极高。简而言之，赚钱的生意可以提高劳动生产率。德国虽不及美国，但除了致力于提高业务的盈利，社会趋势是不加班，分子大、分母小，劳动生产率自然就高。

此前，一段油管网（YouTube）视频将日本上班族与美国上班族的工作方式进行了比较，因视频内容滑稽，曾一度成为网络上的热门话题。视频中，日本人端坐在办公桌前，接电话的时候都是点头哈腰、认真回答；另一边的美国人则在椅子上转来转去、松松垮垮，接到电话回一句"吃完午饭再说"，然后就挂断了。

尽管这段视频有点夸大其词，实际情况可能因公司而异、因人而异，但总体并没有表现错。对于很多美国人来说，他们工作相当随意，不在乎细节，或者说他们很粗糙，但是，对比日本和美国，美国的劳动生产率压倒性地胜过日本，而这种差异是由一份工作所能获得的利润差所造成的。

就美国的整个社会而言，美国人基本上不做不赚钱的工作，任何可以自动化或外包给发展中国家的工作全都会交出去。此外，美国人也几乎不会去做那些在业务中毫无意义的工作。在日本，即使你不知道为什么做这项工作，只是因为"一直以来都是这么做的"，你就会继续做这件事。但在美国，可以说几乎没有这样的情况。他们把低附加值的工作全部向外转移，专注于那些增加值更高、成果更大的工作。在日本，长时间加班的人往往被称赞"勤勉"；而在美国，磨磨蹭蹭加班的人反而可能会被辞退。由此导致的结果是，即使美国人看起来工作得很随意，但他们的收入远比日本人高。

正如开篇所言，日本已不再是一个繁荣的发达国家，我们需要接受这一事实并考虑未来的措施。

日本变穷的最大原因是劳动生产率低下，不解决这个问题就永远不会富裕。提高劳动生产率的方法有三种：增加利润、减少员工人数、缩短劳动时间。第2章将更具体地讲述这些方法。

第2章
人太多，花的时间太长

● 你知道"拜访恐怖主义"吗

第1章解释了劳动生产率由三个要素组成：增加值（利润）、劳动时间和员工人数。提高劳动生产率的方法有三种：缩短劳动时间、减少员工人数、增加利润。第2章将集中讨论劳动生产率公式中的分母，即劳动时间和员工人数。

假设获得等量的利润，如果不尽量在短时间内以更少的人数完成此项工作，劳动生产率就无法提高。反之，如果能在短时间内用更少人数来完成，则劳动生产率会更高。与此同时，还可以通过将剩余的人力资源分配到其他赚钱的工作中，进一步提高整体利润。借由这种方式，就可以创造出一种进一步提高劳动生产率的机制。

但是，日本企业明显处于大量人员长时间投入同一工作的趋势，这会导致劳动生产率下降并最终导致工资下降。那些在日本被视为理所当然的公司内部行为，从全球视角来看，不仅奇怪，而且只会造成劳动生产率的降低。此类情况屡见不鲜。

一大帮人打着"问候"和"信息交流"的名义去拜访另一家公司，既没有提出任何建议，也没有购买任何产品，只是听一番高谈阔论，客套几句"啊，真是受益匪浅"，然后打道回府。日本商务人士的这种怪异行为在全球市场上非常有名。

一般来说，在日本以外的国家，无缘无故地拜访一家公司或与其他公司进行面谈，就等于剥夺了对方的时间（也就是金钱），这是非常令人痛恨的行为。这无论是在西方还是在亚洲其他国家和地区都是一样的，可以说几乎是普适的价值观。笔者想借用"兼职恐怖主义①"的表达，将这种行为称为"拜访恐怖主义"。

---

① 兼职恐怖主义指的是餐馆和零售店的兼职员工为了在网络上出名，对店里设备、商品做恶作剧然后拍下来发布到社交媒体上，例如躺在洗碗机、冰柜里，或者糟蹋食物等。——译者注

20世纪末发生在美国的互联网革命创造了无数互联网公司，尤其是在硅谷。为了跟上这一趋势，许多日本公司在当地设立办事处并且频繁出差。而在那里上演的，正是这种"拜访恐怖主义"。

当日本员工大量造访旧金山，参观离这座城市不远的硅谷的互联网公司时，他们只是在重复"问候"和"提问"。像这样折腾一圈下来，既想不出像谷歌或苹果一样的创意，对于对方公司而言也没有任何好处。不过，他们自己还是很开心的，觉得自己完美履行了职责。到了晚上，这些日本员工结束了一系列名为实地调查的日程之后，会在当地员工的带领下，来到旧金山市中心的日本人钢琴酒吧（在美国，通常将面向日本人的夜店称作"钢琴酒吧"），花天酒地之后返回日本。

笔者认为其中最受益的只有在钢琴酒吧工作的日本女招待员，以及以票价远高于其他国家而闻名的日本的航空公司。

这个故事丝毫不夸张，因为笔者年轻时有过与硅谷互联网公司打交道的经历，实际上也确实收到过许多美国公司的投诉。在那之后，笔者离开了这个行业。但近几年，通过那些在亚洲开展业务的日本人的博客和推特，笔者了解到现如今日本企业正在亚洲其他地方重复类似的行动。

日本企业在爱沙尼亚等互联网业务活跃的欧洲新兴国家也做了同样的事情，据说有些企业谢绝日本人的拜访。考虑到一系列活动所花费的时间、出差成本以及员工的人工成本，如果将这笔钱花在其他工作上，可以获得多少利润呢？日本企业正是在这样拉低劳动生产率，失去商机的。

这样徒劳无益的行为在进入商务谈判时也是一样。在其他国家，除非是非常重要的事情，否则大多数商务谈判都是由很少的人来实行的。在这一点，美国、欧洲的国家以及亚洲其他国家和地区的做法相差无几。然而日本是个例外，从部门经理到科长，再到股长①和普通员工，一大队人马齐齐登场，仅交换名片的环节就是一项艰巨的任务。而且，高层管理人员即使参加商务会谈，也不能当场拍板做决定，总是说"我们回去考虑一下"。很多熟悉日本的外企员工都会嘲笑说"这又是事前沟通了吧"。

───────────

① 在日本公司内，股长是最基层的管理骨干。——译者注

做到一家知名的大公司管理职位，一年收入超过1000万日元的情况并不少见，但这些拿着高薪的员工却把大量的时间和精力花在了并不产生利润的无谓工作上。这样做自然会导致劳动生产率的降低。

这仅仅是一个例子。没什么事也要去拜访和面谈，电子邮件就能说清楚的小事也要打很多通电话，还有一堆毫无意义的冗长会议，在日本企业中，类似徒劳无益的行为层出不穷。在宏观上量化一系列的浪费并不容易，但如果这样的工作方法已经广泛存在，我们应该可以估计至少有30%的工作没有产生利润。假设我们可以缩短30%的劳动时间，理论上日本的劳动生产率将提高40%，接近美国和德国的水平。

觉得非常有问题的是，这样的批评存在已久，很多人早就很清楚地意识到浪费的存在。我们知道需要提高劳动生产率，并且可以通过消除这种浪费来提高劳动生产率。但究竟是何原因，让我们无法采取行动？某种程度上，这要比搞不清楚状况更加严重。

关于组团参观，有可能是想要通过抱团来求安心的心理在作祟。而烦琐的手续和组织的因循守旧则可能与员工强烈的"被认可需求"有关。如果这一系列问题是由于心理原因造成的，情况就更麻烦了。因为每个人都变成了改革的阻力，无论问题多么显而易见，即使能够给出解决方案，都永远不会得到落实。

● 取消印章登记没有进展的缘由

与"拜访恐怖主义"一样，日本社会中另一个造成浪费的主要因素是以印章和书面请示为代表的复杂内部程序。早就有人指出，印章已经起不到什么实质作用，但即便如此，日本社会还是以印章为基础，很难摆脱这种习惯。

为了实现信息化，旨在使行政程序在线化的《数字优先法案》于2019年5月获得表决通过。但关于废止法人设立时的印章登记义务的事项原本应该被列入法案，但最终被推迟。据说原因是要求保留印章的行业团体的反对声音高涨。

日本政府在引入信息技术方面本来就不是很积极。现在政府好不容易终于做出决定，开始着手推动行政程序在线化。2018年7月，日本政府制定了《数字政府实施计划》，并计划在2019年国会常会上提交《数字优先法案》。然而，等待这一法案的批准花了很长时间。由于该法案包括取消设立法人时强制印章登记的计划，遭到了印章制造商等方面对这一内容的强烈反对。最终，自民党的小组委员会在通过该法案时删除了该项，将是否保留印章的问题留待日后讨论。

由印章制造商组成的全日本印章工业协会等多个组织在《数字政府实施计划》制定的前后，相继向政府提交了请愿书。该协会对实施计划中包含的三项内容表明了反对意见：一是行政手续中的"调整查验本人身份印章"；二是法人设立中的"废止印章登记义务"；三是"推进一般交易中的数字化"。换句话说，他们主张在查验本人身份时继续只使用印章，并且反对对一般交易进行数字化。

他们向政府提出的具体要求包括：重新考虑"取消设立法人时印章登记的义务"、撤回在私营部门推广手续在线化的推进措施，以及如果这些要求不被采纳的情况下，对印章行业所受损失由政府给予经济补偿。当这一内容在网络新闻上被报道时，对印章业界立场的反对之声随即而起，认为这是"过于离谱的时代错误"，然而关于废止印章登记义务的内容却简简单单地被取消了。

通过游说阻止不利于自身的法案的颁布是在规定范围内授予所有人的权利，因此我们不能批评这种行为本身。此类案例在其他国家也偶有发生，但与日本最大的不同在于，其他国家最终还是会依据理性来判断。

许多日本人并没有深入思考他们为什么使用印章，明显的倾向反倒是将"一如既往"视作金科玉律，却避免讨论这一操作的必要性。

我们为何使用这个工具

起初，在技术不发达的时代，由于难以复制，印章被用作体现本人意愿的手段。但是，随着加工技术的发展，伪造印章变得非常容易，印章作为查验本人身份的手段已经变得毫无意义。现如今，重要的合同都要盖章，但是盖章是通过提前登记印章来证明不是假的。换句话说，并不是盖章这件事本身重要，只要能验证本人身份，就可以达到目的。反过来说，我们只能得出结论：随意使用的浸透印章（即"万次章"）和未经登记的印章实际上毫无意义。此外，我们还可以得出结论：如果有办法确定本人身份，并不一定需要使用印章。

在欧美，签合同通常使用亲笔签名。但由于签名可以由除本人以外的任何人用类似的笔迹书写，因此过去并不具备充分查验本人身份的功能。但是，随着笔迹鉴定技术的发展，判断是否为本人签名成为可能，签名所拥有的意义也随之陡增。使用签名，不用任何工具，随时可以马上写出来，这样实际的工作就可以顺利进行。万一发生冒充签名的情况，也可以随后证实这一点。在现实中，被此类骗子蒙骗的受害者是极为少见的。所以如果事后能证明，那就不是什么大问题。

总之，我们应该在综合判断上述情况后考虑使用印章的利弊，但不知为何，这样的讨论在日本并没有发生。这件事最终演变成固守成规的情感对立，最终，争论中声音大的人占了上风。

前面提到的印章行业组织的请愿书中居然赫然写着"与西方签名系统不同，印章可以通过代理（原件）结算的特性帮助快速决策和裁定……"等令人吃惊的措辞。换言之，他们的主张居然是与签名不同：印章不是身份验证的手段，因此可以由非本人盖章，由此提高工作效率。

用于身份验证的印章不具有身份验证功能，因此可以提高工作效率（即任何人都可以压盖章），这样的逻辑除了自相矛盾找不出其他的形容词。然而，那些否定时代潮流、强烈要求维持现有制度、即使改变制度也要强烈要求给予经济补偿的印章行业组织，真的很特别吗？不是的。

印章并非特例

日本社会每次发生新的事情时，都会出现这样的压力，印章的事件并不是特例。在日本，《被动吸烟防止条例》实际上已经被淡化，许多餐馆不受监管，而且可以肯定的是，即使是当下发达国家中最低标准的戒烟措施也被进一步推迟。尽管吸烟者已经是少数派，并且其他国家都已经确立了戒烟的趋势，但日本的现实是，禁烟问题一旦进入立法程序，就会被反对的声音所推翻。

在日本的各行业中，存在名目繁多的补贴政策，每次考虑取消补贴时，各行业都会开展激烈的游说。不过，大多数人并没有注意到，因为这不是什么大新闻，但这样的场景在日本的永田町（日本国会议事堂）每天都在发生。除此之外，就日本而言，这些无用的补贴支撑着日本人的就业和工资，如果所有行业的活动都完全交给市场经济，那恐怕有数以百万计的人会失业。

当被问及是否认同这些浪费性的补贴和规定时，大多数人会说不，但当涉及与他们自己的工作有关的话题时，他们都会瞬间变脸，猛烈抨击。有一句讽刺这种现象的话："总体上虽然同意，但在具体问题上却表示反对。"

从城市向农村的资金转移分配亦是如此。应该没有人愿意让农村凋敝，但这并不意味着可以容忍毫无意义地到处撒钱。然而实际上，以地域振兴为方针的大量事实性补贴如今仍在继续。曾一度成为热议话题的故乡纳税制度也是将应当缴纳给城市的税金强制分配给农村，（即使捐赠者的情感很纯洁）在制度层面，也无异于撒钱。

随着日本人口的减少，在某些地区维持商圈变得越来越困难，因此原则上人口将不可避免地向城市地区转移。原本为了顺利推进人口向城市集中，采取改善环境的措施，对因此而被迫搬迁的人提供适当补偿，基于这一方向开展讨论肯定是合理的。但是，到了现在，政府并没有将人口减少造成人们向城市集中作为前提，而是大力推进地域振兴，以任何地方政府都可以通过再生重焕新活力为方针，制定相关政策。可想而知，这些政策产生的主要原因是那些难以为继的地方政府的强烈反弹。违背当今世界的大势所趋，采取相反的措施，就会造成极大的浪费。许多人并不知道这些措施正在降低整个日本的劳动生产率。

深陷用工荒

日本存在严重的劳动力短缺问题，实际上也确实有很多公司都在努力确保人力资源，但这只是问题的一个侧面。很多企业有大量的过剩人员，其中主要是白领。这对日本企业的经营管理产生了致命的影响。

最近经常听到三菱日联金融集团等银行巨头、富士通、日本电气（NEC）、损害保险JAPAN日本兴亚[①]、可口可乐

① 2014 年 9 月，损害保险 JAPAN 公司与日本兴亚合并为新公司"损害保险 JAPAN 日本兴亚"。——译者注

装瓶商生产日本控股有限公司等龙头企业裁员的消息，但大多都是针对45岁及以上的中老年员工。大量的内部失业者问题，是所有这些公司的通病。

2017年年底，日本各银行巨头公布了一项大规模裁员计划。三菱日联金融集团裁员9500人，三井住友金融集团裁员4000人，瑞穗金融集团裁员19000人。严格来说，瑞穗金融集团是唯一一家明确提及裁员的公司，而三菱日联金融集团称其宣布的9500名员工只是"业务量的消减"。但很明显，各家银行的目标都是大规模裁员，事实上，金融界也是这么认为的。此后，这三大银行陆续增加了关闭的网点和裁员的数量。2019年5月，三菱日联金融集团计划将裁员人数从最初的9500人增加到10000人，以进一步精简组织。同时，三井住友金融集团将裁员量从原计划的4000人扩大到5000人。三家银行中业绩最低迷的瑞穗金融集团，也宣布将3年中期管理计划延长至5年，并计划将关闭网点数量从之前的100家增加至130家。

除了银行业，保险业也是如此。大型财产保险公司损害保险JAPAN日本兴亚于2019年6月宣布，到2020年之前将日本国内财产保险业务的员工人数裁减4000人，将该公司的国内保险事业部拥有的约27000名员工减至23000人。损害保险JAPAN日本兴亚方面，集团公司有长期护理服务业务，部分过剩人员可能会转移到长期护理公司。换句话说，原来那些从事保险销售的人有可能通过在公司内部转岗而成为长期护理人员。

信息通信技术巨头富士通也宣布了全集团5000人的大规模裁员计划，但据说除了自愿退休外，还将鼓励45岁及以上的员工在集团内转岗。具体而言，他们正在考虑将原先从事人事、总务和会计等行政工作的员工转移到销售和系统工程（SE）等赢利部门的相关措施。

一系列的裁员计划中都包括中老年员工的转岗，其背后是传统人事制度造成制度疲劳，产生了大量内部失业人员。

据说这几年日本劳动力短缺的情况很严重，但并不是所有领域都缺人。最严重的劳动力短缺出现在零售店、连锁餐厅、交通运输、长期护理和其他需要大量老年就业人员的行业。另外，各公司还留有大量过剩的中老年白领，主要从事行政工作。

根据日本瑞可利职业研究所（Recruit Works Institute）的一项调查，日本实际上有400万企业内部失业人员，预计到2025年将达到近500万人。这一数字占所有员工人数的10%。

由于时代变迁，需要新的人力资源，日本企业的招聘人数在不断增加。但另外，由于仍然存在与其技能不匹配的员工，这些企业的劳动力总成本却在不断增加。即使进行人员调动，由于新工作所需的技能与个人所拥有的技能不匹配，因此内部调动也是有限度的。结果，这些人只是被填补到了公司内的每个部门中，实际上常常处于无所事事的状态。这就是大家所调侃的"不工作大叔"。

以上这一系列的事件所反映出来的问题，当我们结合劳动生产率的定义来考察时，就可以发现它们对日本经济产生了非常严重的影响。

日本企业全部员工的10%是过剩的，通过简单的计算即可得出，我们可以减少10%的员工人数，仅此一项就可以提高10%或更高的劳动生产率。此外，如果这10%的人从事其他工作，日本的生产力可以再提高10%（假设有需求）。2018年日本的国内生产总值是5500000亿日元，所以我们可以期待几十万亿日元的增长（反之，则是同等数量的损失）。

那么为什么日本公司有这么多企业内部失业人员呢？事实上，造成大量企业内部失业人员的根本原因是终身雇佣制和工龄工资制。

日本劳动法规定，企业不能轻易解雇员工，所以一旦录用员工必须半永久聘用（中小企业实际上会解聘员工，但大企业不会）。由于能够对市场变化做出即时反应的员工有限，难免会出现人力资源的错配。

如果薪酬体系以工作绩效和能力为导向，不是所有员工都会统一晋升，就会有一部分员工可以长期留在一线工作，即使是终身雇佣，公司的负担也不会这么重。但如果是现有的人人每年提拔、形式上也要晋升管理岗位的制度，就会必然出现大量工资高、已经忘记现场工作的中老年员工。

这样的企业内部失业问题实际上正在引发严重的社会影响。2018年，在工业界的强烈要求下，安倍政府转而接受大量外国劳动力。奇怪的是，自认保守主义的安倍政府竟然会推行事实上的移民政策，但既然法律已经执行，未来在企业一线的外籍劳工比例肯定会继续增加。截至2019年，有超过140万的外国劳动力在日本工作，据称，由于接受范围的扩大，每年新进入日本的外国人口数以万计。但是，正如之前所解释的，日本企业内部有多达400万的内部失业人员。

笔者并不认为内部失业人员可以直接接替外国劳动力的工作，但从数字上看，如果内部失业人员能进入劳动力市场，劳动力短缺问题将立即得到解决。这是不可否认的现实。企业首先是一个自我代谢的实体，如果不调整人力资源，就很难应对时代的变化。很明显，其他国家的成长型公司正在不断调整他们的人力资源，这是竞争力的来源。从熟悉的案例中大家可想而知，在数十年如一日重复类似工作的同一批人当中，极不可能产生创新的想法。然而，日本企业正试图以相同的人力资源应对这个快速变化的时代，就常识而言，笔者认为这种机制不会奏效。

近几年日本企业的国际竞争力呈现明显下降之势，毫无疑问，这样的雇佣制度对其带来了重大影响。

● 日本企业只是一味增加人数

近10年来，日本企业的销售额整体增长幅度不大，这一说法与日本几乎停滞不前的国内生产总值一致。与此同时，其他国家的企业经营业绩则不断扩大，国内生产总值也相应增长。很多人已经注意到，唯有日本落在了世界之后。

企业管理的普遍规律是，只有销售额增加，利润才会增加。在同一管理体制下，如果公司能提供比上年更多的产品和服务，销售额就会增加，毛利润（毛利润等于销售额减去采购或制造成本）也会增加相应的金额。公司从毛利润中提取人事费用和设备投资等成本，因此如果成本不变，销售额的增加将带来提升营业利润的效果。但是，就日本而言，由于最关键的销售额没有攀升，因而企业的利润也应当没有增加。但是，日本企业的利润率却在逐年上升。

截至2018年3月31日的财年，日本企业整体销售额的当期利润率为4%，而10年前，截至2008年3月31日的财年则仅为1.6%，现在的利润率是10年前的两倍多。日本企业销售额低迷，利润却不降反增，那只能是因为削减了成本。同一时期内，日本企业采购成本降低了3.5个百分点。这很可能是通过加强对分包商的折扣要求以及采购质量较低的原材料实现的成本降低。也有人批评日本企业的利润增加是通过大幅降低劳动力成本挤出来的，事实却也不尽然。因为员工的实际工资虽然确实没有增加，但员工人数在增加。

在过去10年中，尽管日本企业的销售额没有增加，但员工总数增加了多达3%。在此期间，员工的平均年薪没有变化，因此总劳动力成本相应增加。即从劳动力成本的整体来看，实际情况是非但没有削减，反而有所增加。

那么为什么日本企业在销售额没有增长的情况下积极增加员工呢？原因正如之前解释的，企业拥有的过剩劳动力不能向外释放，结果就是内部失业人数达到了400万。

第1章解释了日本企业的现状：日本企业要比美国企业和

德国企业投入更多劳动力才能获取相同的利润，这样就降低了劳动生产率；同时，由于员工人数只增不减，自然就会导致劳动生产率持续下降。

此外，日本企业近年来被穿上了减税的"木屐"（享受减税），此举有宠坏企业经营者的副作用。

安倍政府执政后，以极大的力度实施对企业的减税措施。截至目前为止，法人税制虽有小幅调整，但法人税的基本税率并未发生明显变化。然而，安倍政府一再降低法人税，日本的法人税基本税率已经降至仅略高于20%的低水平。

日本有一个叫作"租税特别措施"的制度，实际情况是相当大金额的法人税得以免除，尤以大企业为甚。租税特别措施是对特定行业和企业给予法人税优惠的制度，适用此制度的案例数量约为180万件（2016年度），且越来越集中在特定的企业和行业。对于这一制度，素来有人认为是一种特权，并呼吁对其调整，但情况并没有太大变化。

在安倍政府执政后至今，减税取得进展的背后，是政府一再要求加薪。由于安倍政府将量化宽松措施作为政策核心，摆脱通货紧缩迫在眉睫。为此，政府对商界一再提出不寻常的加薪要求，而商界一直不愿回应这一要求。对企业提出的要求并非仅此一项。在管理公共养老基金方面，安倍政府已从以政府债券为中心的"安全第一"投资，转向以股票为中心的风险投资。原因是公共养老金财政状况恶化，通过投资股票获得更高的投资收益，可以最大限度改善养老金财政状况。

在此背景下，安倍政府强烈敦促企业增加股票分红，以增加养老基金的投资收益。同时实施公司治理改革，扫平外围障碍，使企业不得不加强股东回报。作为接受这些要求的交换条件，商界要求政府减税，从而实现了法人税的大幅减征。

总体而言，减税具有激发企业活力的作用，但在日本目前的情况下却适得其反。减税显然增加了企业的净收入，因此企业经营者可以轻松地扩大经营业绩，但在减少过剩劳动力方面一直非常艰难。对于按照论资排辈坐上社长之位、只想着安然度过任期的企业管理者来说，他们希望尽可能不要采取这样的措施。

结果，公司结构变得臃肿，从而逐步拉低了劳动生产率。销售额没有增加，人工成本也无法降低，所以现在的日本企业试图通过降低产品质量和削减税费来挤出利润。

● 人浮于事与用工荒同时发生

　　如前所述，日本企业劳动力过剩，降低了日本的劳动生产率，但与此同时，又有一系列问题对创新的发展和工人技能的提升产生了负面影响。劳动力短缺和劳动力过剩同时发生的信息技术行业就是一个典型的例子，也可以说是日本社会的一个缩影。

　　日本经济产业省对信息技术行业人力资源供需状况的调查结果震惊了业内人士。据经济产业省的调查，假定信息技术人力资源需求年均增长2.7％，劳动生产率年均增长0.7％，到2030年，信息技术人才缺口约为45万。

　　今后，随着社会进一步信息化，可以说对信息技术人力资源的需求平均增长2.7％是合理的预测。另外，作为本书讨论的主题，日本的劳动生产率与其他国家相比处于劣势。信息技术产业也是如此，因此将劳动生产率的增长率设定为0.7％也符合现实。如果这种情况持续下去，在可预见的未来，信息技术行业与任何其他行业一样，将继续出现人手不足的情况。

同时，经济产业省也在不同条件下进行了其他估算，结果令人惊讶。信息技术服务市场分为常规信息技术服务市场和尖端信息技术服务市场，他们在对各个市场的人力资源供需进行分析后，得出了明显不同的结果。顺便说一下，常规信息技术服务是指目前主流的信息技术服务，主要从事信息技术系统的受托开发、维护和运营。而尖端信息技术服务则被定义为利用物联网（IOT）和人工智能（AI）等新技术的信息技术服务。

据测算，如果只有1％的信息技术人才能够转向新技术，那么尖端人才的缺口就会达到55万，而常规人才的过剩会有10万。如果陷入此种情况，就会同时出现严重的劳动力短缺和人员过剩问题。以此推算，如果每年能将4％左右的劳动力转移到新技术领域，既不会发生劳动力过剩，也能缓解劳动力短缺的情况。但始终要将4％的劳动力转移到新技术领域，这并非易事。

信息技术行业长期以来一直面临工程师无法应对技术标准变化的问题。在通用机器（所谓的大型主机）为主流的年代，使用的是一种叫作COBOL^①的语言，但是相当一部分掌握了COBOL的工程师不会C++和Java等新语言。

随着这个时代的创新加速，这些技术鸿沟将更大。鉴于现实中工程师提高技能将比以前更加困难，可以毫不夸张地假设只有1％的劳动力可以转向新技术领域。

事实上，这一问题不仅存在于信息技术行业。创新的发展对工作带来了极大影响，这对信息技术用户来说也是一样。常规信息系统的目的是处理大量的数据，系统的设计和维护由系统部门负责。然而，在即将到来的时代，商业模式和信息技术直接结合在一起将是毋庸置疑的，新业务的规划和系统的建设将成为同一维度的问题。除此之外，随着使用人工智能的业务自动化，从事简单事务性工作的劳动力变得

---

① COBOL 语言是一种面向过程的高级程序设计语言，主要用于数据处理，是国际上应用最广泛的高级语言之一。——译者注

多余，那些无法应对时代变化的上班族很快就会成为过剩劳动力。

在金融行业，使用机器人流程自动化（RPA）实现现有业务自动化的趋势正在加速，尽管整个社会劳动力短缺，但裁员仍在进行。金融业是一个正处于业绩低迷的行业，就连业绩不错的软银集团，也正在计划通过业务自动化转岗过剩的6800人。基于当下的现实，业务自动化的趋势显然与行业类型和经营情况无关。未来，各个行业都会同时出现用工荒和劳动力过剩的问题。

前面已经阐述过，日本企业有大量的过剩劳动力，这是造成劳动生产率降低的原因之一。但从这次调查当中可以清楚地看出，将过剩劳动力与必要人才区分开的关键，在于技能上的差异。

● 尽管五分之三的人失业，意大利仍然富有

如果我们放任组织中人浮于事的状况，不能有效地利用这些劳动力，整个经济就会受到严重波及。最终，它将极大地影响社会的富裕程度。

最能准确反映社会富裕程度的指标是人均国内生产总值，但有人说这个指标无法衡量真正的富裕程度。然而，这种说法只是一种信念，或者说是一种美好的愿望。因为目前还没有任何一个其他指标可以像人均国内生产总值这样，准确地对社会富裕程度进行量化。

当你到其他国家去，大多数人一离开机场就会立刻切身感受到这个国家的富裕程度。人类的五种感官很敏锐，通过综合观察建筑和道路、行驶的汽车、人们的穿着等城市基本

面貌，眨眼之间就可以估算出该地区的经济水平。如果你亲身体验就会知道，我们离开机场后的直觉会与该国的人均国内生产总值大致相符。

日本的人均国内生产总值一度位居世界第三，昔日的日本社会相当繁荣。但此后却逐年下降，目前在七国集团中仅排名倒数第二。七个发达国家中与日本处于同一水平的是意大利，但不知为何，从日本的角度来看，意大利看起来相当富有。人均国内生产总值是日本的1.6倍、大学毕业生起薪超过每月50万日元也很普遍的美国，以及社会保障完善的德国和法国，自然可以说是富裕的国家，但为什么数字并不好看的意大利，却看上去比日本的状态更好呢？

当然，意大利也有失业、贫困等各种问题，在欧洲被视为"问题儿童"。但即便如此，其情况也不如日本严重。事实上，意大利的相对贫困率为13.7%，低于日本。意大利的情况之所以没有那么糟糕，是因为企业的劳动生产率很高，并且整个社会已经建立了有效赢利的体系。

意大利的人均国内生产总值比日本低，但人均国内生产总值是用国内生产总值除以总人口，所以与实际上班挣钱的人数没有关系。日本有1.27亿人口，同时有超过6400万人在工作。就业劳动力占总人口的比例超过50%，这对于发达国家来说是相当高的。考虑到儿童、老人、病人不工作的现实，在日本，可以说几乎所有能工作的人都去工作了（从这些数字来看，全职家庭主妇的存在已经只是一种幻觉）。然而，在意大利，只有2300万人为5900万人口工作，劳动力比例不足40%。

简而言之，在意大利，只有不到五分之二的人在工作。以这么少的劳动力人数，却赚取了接近日本的财富，因此就业劳动力的劳动生产率非常高。

事实上，与日本相比，意大利的劳动生产率是一个很高的数字。根据日本生产性本部的一项调查，日本的人均劳动产值为83000美元，意大利为103000美元（两者均基于购买力平价）。意大利的风格是少数人高效工作，其余人不工作。

意大利也以青年失业率高著称，但如果国家整体能获得接近日本的财富，就没有必要勉强劳动，这在一定程度上也导致了失业问题长期化。

劳动生产率的差异对老龄化社会无法避免的长期护理问

题也会产生重大影响。日本的长期护理系统之所以运行不佳，就是因为人们对劳动生产率的基本认识是错误的。

意大利在欧洲国家中具有浓厚的家族化倾向，保留了前现代的风俗习惯。在北欧，因为已经建立了完善的福利制度，对老人的照顾都是以个人为单位的。但在意大利，由家人来照顾老人的比例很高。

在由家人照顾老人这一点上，虽然意大利与日本存在相似的部分，但在意大利，却有着日本无法企及的不工作人口。如果60%的人口没有工作，那么家人或亲戚当中就有人能担起照顾老人的责任，因此照顾老人的问题不太可能像日本那样严重。

欧洲存在两种理念，"以独立个体的身份实现富裕"的理念主要在北欧、德国等地区盛行，而"以家庭为中心的互惠互助"理念则以南欧为中心。

北欧国家和德国的就业率和劳动生产率都很高，是一种个人负责创造自身经济实力的制度。尤其是在北欧地区，很多人都知道，国民负担很高，所有的福利都可以交给政府解决（精神上的满足暂且不谈）。另外，在意大利，他们的体制是能工作的人高效率地工作，其余的人基本不工作，因此那些家人和亲戚中有空闲的人就可以处理长期护理等问题。

但是，就日本而言，就业率与北欧国家和德国一样高，每个人都在工作。但是日本的劳动生产率低下，因而剩余财富无法覆盖福利。另外，由于就业率过高，没有人有空闲，由家人提供长期护理也是有限度的。

在现实中，日本人无法依靠政府的福利制度实现养老，所以家人不得不负责照顾老人，而这又往往导致贫困。日本企业拥有大量过剩劳动力，同时劳动生产率过低。这一事实通常被视为业务上的问题，但它不止于此。在整个经济圈，不能把人分配到需要的领域，这对社会保障领域的影响也很大。

● 电脑在日本实际上并不普及

2019年10月的消费税上调中，引入了减轻税率的措施，将食品等项目的税率维持在8%（满足基本生活上饮食需求的服务，都属于减轻税率的范围，税率仍维持原本的8%不变）。关于减轻税率本身，大家毁誉参半，但可以说日本对减轻税率的讨论与其他国家相比颇为特殊。原因在于，是否减轻税率的问题在日本很早就开始讨论，但由于电脑并不普及，所以过去很难在物理上引入降低的税率。

欧洲实行的是相当于日本消费税制度的增值税制度，同时也有税率优惠制度，但其基础是一种称为发票法的处理方法。

发票是指企业在销售产品时向其销售对象的企业提供的

合规账单。由于每个产品都会列出价格和税率，因此人们可以一目了然地看到哪些产品是10％的正常税率，哪些产品是8％的优惠税率。

消费税是消费者缴纳的税款，但实际上由销售产品的企业为消费者代缴。例如，如果零售店以100日元的价格出售消费税为10％的产品，零售店将从顾客那里收取110日元，即产品价格的100日元加上消费税的10日元。另外，如果这家零售店以70日元的价格从批发商处购买商品，零售店将向批发商支付加上10％消费税7日元之后的77日元。由于零售店从顾客那里收到了10日元的消费税，并向批发商支付了7日元的消费税，则最终需缴纳3日元的差额作为消费税。

如果所有产品的税率都相同，则可以根据总额计算差额，但如果每种产品的税率不同，则不能这样计算。

发票制度是解决这个问题的一种机制。如果赋予经营者开具付款通知单的义务，列明产品名称、数量、税率等，经营者将根据该付款通知单计算已缴纳的消费税金额，并减去（扣除）从顾客那里收取的消费税金额，即可计算出准确的消费税金额。符合这些要求的付款通知书称为发票（合规账单）。将付款通知书限定为发票，即可按照不同的税率正确缴纳税款。由于发票还包含经营者的注册号和交易的唯一编码，因此即使在进行税务审计时也可以轻松进行调查。

发票制度既是最透明的方式，又在欧洲得以成功实践，因此日本自从引入消费税以来就已经多次讨论过是否采用发票制度。然而，日本始终无法做出引进发票制度的决定。原因是电脑在日本并不普及，小企业无法处理开具发票的操作。有些人认为既然处理不了就暂且搁置吧，但这在有些情况下是行不通的。

日本的消费税制度中有一项叫作"免税事业者"（免税企业），即符合一定条件就无须缴纳消费税，主要适用于小微企业。这一免税制度从开始有消费税时就已存在，但引入这个制度的原因之一就是小微企业中电脑并不普遍，难以逐个按品类区分计算不同的税额。

根据日本总务省2014年进行的个人独资企业经济调查，日本约有240万家由个人管理的小微企业，但这些企业中电脑使用比例最高的批发及零售业也仅为43.6％，住宿和餐饮业仅为20.1％。换言之，实际情况是很多小微企业无法使用电脑，难以完成复杂的事务处理工作。

在这种情况下，如果强制要求开具发票，则无法开具发票的经营者可能会被排除在交易之外。如果你认为这是自由竞争，那也无可奈何，但从早前日本总务省的调查中可以看出，在日本，无法处理信息技术的小微企业过多，如果将它们都排除掉，将会导致经济完全无法运转的严重后果。

为此，发票制度的引入被一再推迟，最终以这次加税至10％为契机得以实现（实际上有一个过渡措施，从2023年开始通过发票处理）。

日本政府曾经制定了电子日本战略（e-Japan），推出了旨在成为信息技术强国的方针，但结果不尽如人意，导致很难引进减免税率政策。相反，许多企业仍在手工处理收款，这意味着大量的劳动力花在了这项任务上。如此这般，劳动生产率无法提高也就不足为奇。令人惊讶的是，我们并没有对电脑的普及率进行系统调查。但是，根据电脑的年销量、平均使用年限和人口数量，我们可以估计出大致的普及率。对普及率进行实际估算得到了惊人的结果。

美国大约每人拥有一台电脑，而在日本，电脑的普及率只有每人0.5台。也就是说，电脑的普及率仅为美国的一半。英国人均拥有0.8台，法国人均拥有0.7台，可见日本不仅远远落后于美国，也远远落后于其他欧洲国家。如果没有电脑，我们将不得不依赖手工操作，这当然会大大降低劳动生产率。

在日本，小微企业的经营者中约有70%是60岁以上的老年人，因此我们很容易认为电脑的普及不足是年龄问题。然而，电脑在日本的普及率很低，原因不仅仅是小微企业大部分是老年人。与欧美国家相比，日本年轻人的电脑拥有率也极低。

根据经合组织2012年"国际成人能力评估调查"数据可知，在日本，16—24岁的年轻人在职场或家里使用电脑的频率在经合组织成员中处于最低水平。在该组织开展的国际学生评估计划中，日本学生能够在学校或家里使用电脑的比例在47个成员中排在第40名以后。

内阁府的一项国际比较调查也得出了类似的结果，日本13—19岁儿童的电脑拥有率在发达国家中非常低，其中约70%没有电脑。有人认为这也没什么问题，因为智能手机在日本非常普及，但这一点不适用于我们讨论的话题。因为各发达国家的智能手机和日本一样很普遍，而除此之外，大多数人还拥有电脑或平板电脑。由此可见，他们的个人交流通过智能手机进行，而智力活动是在电脑上进行的。

考虑到其他国家的学校教育是以有电脑为前提的，家庭作业也以电子方式提交的情况，日本的差别相当大。如果我们不能熟练掌握信息技术，就不得不用更多的人工来做同样的工作，进而需要更多的员工。联系劳动生产率公式来看，即分母中的员工人数会增加，这也是降低劳动生产率的因素。按照劳动生产率的定义，如果不熟练掌握信息技术，劳动生产率自然会下降。而日本现在就是因此而无法提升劳动生产率，也无法变得富裕。

● 电话大叔的末路

日本电脑普及率低的问题与过于依赖熟悉工具的问题密切相关。如果人们过于依赖熟悉的方法和工具，就会回避时代的变化，而业务流程也无法更新。可想而知，劳动生产率也会逐步下降。在日本，关于电话和电子邮件之争，也有类似的情况。

近几年，年轻员工和中年员工之间围绕电话问题纠纷不断。面对不想打电话的年轻人，动不动就打电话的中年员工感到非常挫败。但我认为如果把这个问题视作单纯的代际冲突，就会误解事情的本质。这也不能怪中年商务人士，其实在任何时代，都有一定数量的商务人士无法跟上新技术的步伐。现在的中年一代也曾被如今成为老年的老一辈严厉批评，被骂"信都不会写"，或者"字迹潦草，做人也不行"。而当时的年轻人（现在的中年人）也会反呛上一代人"跟不上时代"。事实上，随着文字处理机和电脑的广泛使用，不能写出端正清晰的字已经不再被认为是技能不足，老一辈的说法不知何时已经消失不见了。

如今，曾经走在时代前沿的年轻人，已经步入中年。和当年那些中年人一样，受到年轻一代的猛烈顶撞。这意味着什么呢？

人们高度依赖他们年轻时用惯了的工具，并且很大一部分人会陷入这种依赖之中。今天的年轻一代恐怕也会这样。20年之后很可能会出现一种完全不同的通信工具，而当现在这些20多岁的年轻人变成40多岁时，大多数人也都会跟不上新工具的步伐，很有可能像现在一样，对着未来的年轻一代说教一番。

每个国家都有类似的倾向，都有能够应对时代变化的人和不能应对的人。但是，与其他国家相比，无法应对变化的人在日本比例较高，这样的印象深入人心。以美国为例，即使是农村的中小企业，也理所当然地使用各种云服务来交换业务数据，传真这种东西几乎已经消失了。平时的交流都通过电子邮件进行，只有话题复杂才打电话也几乎成了共识的规则。

反观日本，有很多商务人士基本上只用电话来沟通，传真也还在用。许多商务人士严重依赖电话这一事实也被认为是日本劳动生产率低下的原因之一。那么，对电话的依赖性越高，真的会让劳动生产率越低吗？

我们和对方沟通的工具有很多种，但如果聚焦于沟通的方式，可以将它们分为两类，一类是同步工具，另一类是非同步工具。

同步工具是指必须同时使用才能相互通信的工具类型。电话是典型的同步工具，因为只有同时接听电话，才能进行通信。与此相对，信件和电子邮件不必与另一方同时使用。可以在自己想看的时候查看和回复。诸如微信等聊天工具，现在已成为生活中的基础设施，而它们同时具有同步和非同步特性。如果将其用作聊天工具，它就是一种同步工具；如果将其用作电子邮件，它可以被视为一种非同步工具。

电话之所以曾在通信联络中占据核心地位，是因为它是唯一没有时间滞后的常用通信方式。需要注意的是，这并不是从具有同步和非同步的多重特征的工具中进行选择的结果。但是，当使用电话变得司空见惯时，我们要么忘记了这一点，要么想不到这一点。许多年轻人认为电话是一种烦人的工具。原因是电话会强迫对方同步通信，而不管接听人是否方便，打电话的人都会单方面打断对方。

考虑到电话的同步特性，这样的批评确实符合实情。因为拥有不同特性的多种工具（例如电子邮件和在线聊天工具）同时存在，很明显，我们必须使用电话的情况并不多。具体来说，包括"非常紧急，即使打扰对方也要联系到""当强势一方单方面联系弱势一方"（虽不是很好，如果对方是下属或处于弱势的业务伙伴，也不得不接电话），"问题很复杂，需要讨论"或者"情感很难用文字表达"等情况。除了私密话题，在日常的职场情境中，满足此类要求的场合并不多。

除此之外，电话通常不会留下记录，因此遇到重要的事项，可能需要在打电话过程中或者挂断之后做一些记录，这就增加了额外的工作。为了防止搞错日期和时间等重要事项，我们还会在通话后发送确认邮件。这些额外工作的积累实际上对劳动生产率有很大的影响。哪怕一次操作花的时间很短，持续半年或者一年，那也是一笔不小的成本。

过于依赖电话的人，会希望尽量在电话里讨论所有要点，因此他们会相互交流好几次，直到双方同时有时间。另外，如果在电话里讨论那些需要确认事实的要点，几乎肯定会造成误解或搞错，打电话之后也必须联系多次。

花在这些联络上的时间对整个组织来说实际上是巨大的，也肯定会导致劳动生产率的下降。除此之外，近年来随着人工智能技术的发展，电话本身的概念也在发生变化，因此不可否认，如果不能改善对电话的过度依赖，可能会导致更大的损失。

前些日子，有一则令人惊讶的消息，这则消息表明电话的作用发生了决定性的变化：谷歌已经启动了一项服务，该服务可以使用人工智能代替人类拨打电话。谷歌开发的新人工智能会自动呼叫餐厅、理发店等，并与接听电话的人类店员交谈并完成预订。

此前，这项服务的英语版演示让世界各地的商务人士大为吃惊——人工智能的对话太像人类了。

人工智能与人类店员的对话水平非常高，如果不事先告知，人类店员甚至完全不知道另一边说话的是人工智能。并且人工智能在对话中，还会回应"嗯……"（表示附和对方），让人觉得有点毛骨悚然。

谷歌之所以开发此项服务，是为了让那些无法配备预订系统等信息技术基础设施的小型餐厅也能从信息技术服务中受益。因为全员信息化是不太现实的，所以谷歌的想法是通过人工智能与那些无法实现信息化的人进行拟人化的交互，来获得相同的效果。

这件事应该很容易和前面讨论的电话联系起来：因为有一定数量的人无法应用新的信息技术工具，所以就形成了由人工智能代替这些人进行对话的趋势。在不久的将来，只用电话的人很有可能将无法与对方直接交流，而只能与对方准备好的人工智能通话。但这也并非健全的状态。

类似的情况实际上正在电子邮件领域发生。近几年，越来越多的先进企业正在将内部联系从电子邮件转向商务聊天工具，这可能使电子邮件逐渐与电话一样濒临灭绝。

商务聊天工具是将为个人提供的聊天服务向企业的延伸，其中美国科技公司Slack Technologies[1]的一款名为"Slack"的软件非常有名。

到目前为止，引入商务聊天工具的多为前沿科技公司，但近几年一些普通企业也在引入相关工具。如果此服务在企业中普及，它可能会给企业的工作场所带来巨大的变化。

公司内部的沟通通常有三种主要模式：一是单线沟通，即给特定的人下达指令，收到指令的人回复报告；二是向某一群体发出的通知；三是创意和信息的大范围分享。

电子邮件是否一样会走向末路

电子邮件操作简单，很多人即使不了解该工具的基本功能，也能使用它。但是，电子邮件是作为纸质备忘录的扩展而创建的工具，主要适用于单线沟通和群发通知等应用，并不真正适合与许多人共享信息。

---

[1] 2021 年 7 月 21 日，Slack Technologies 公司正式被 Sales force 公司收购。——译者注

电子邮件中的CC是Carbon Copy的缩写，表示"抄送"。这个词源于用复写纸复写后发送给相关人员的企业文化。而抄送的前提是先有一对一的交流，然后严格选择分享信息的对象。虽然可能业务类型有所不同，但是很可能每个人都想着"姑且加进去吧"，然后添加了一堆抄送，相互发一堆无法读完的电子邮件。这让我们很难分辨哪封邮件是重要的业务联络，哪封只是信息共享，而这反过来又会降低劳动生产率。

为了避免这种情况，一些前沿组织正在将电子邮件限定为对外通信使用，而将内部通信转移到商务聊天工具上。工具的变化意味着沟通机制发生了变化，同时也意味着对员工的评价标准也随之改变。例如，假设公司内部决定开展某项新业务，并且召集了新成员。如果有商务聊天工具，新业务的成员在公司内部群里问"关于××，有谁可以教教我"，对此有见解的人即可通过聊天回复，另一个看到这段对话的人也会提出一个新的想法。

如果以更高的视角来看这一系列的交流活动，谁在为该项目做出贡献就一目了然了。在某些情况下，还可以邀请贡献高的人加入该项目。即使在日常工作中，也可能会出现各种麻烦或意外情况。如果你通过商务聊天工具共享信息，其他部门的人可能会告诉你有效的解决方案。

有了这种沟通方式，领导力的概念也发生了变化。用命令的语气让身边的人听从并不是好的管理者，能够收集大量真知灼见并能很好地归纳总结的人才会被视为真正的、好的管理者。在这样一个时代，热衷于上情下达（上面的命令传达给下属）的员工跟不上时代的步伐。

"依赖电话的大叔"只是一个象征符号，对某一工具的过度依赖才是降低劳动生产率的主要因素。

第3章
只有从事赚钱的生意，
劳动生产率才会提高

● 找不到赚钱的生意

在第 2 章中，我们讨论了构成劳动生产率的要素中的"员工人数"和"劳动时间"。

由于劳动生产率计算公式的分子是增加值（利润），分母是员工人数和劳动时间，所以分母中的员工人数和劳动时间减少，劳动生产率就会提高。换句话说，如果你赚了同样多的钱，在更短的时间内、由更少的人完成工作，则劳动生产率更高。通过将空闲的劳动力和时间投入到新的业务中，可以创造新的财富，使整个社会变得更加富裕。但是，劳动时间和员工人数的减少是有限度的。例如，要将以往 10 人完成的工作减少到 5 人，实际非常难。除非此前的工作方式极为浪费，否则不可能突然将人数减半。

　　这一趋势在劳动时间方面更为明显。如果将每天工作8小时缩短到4小时，无论采取什么办法，产量都会大幅下降。通过缩短劳动时间和减少员工人数来提高劳动生产率，虽然立竿见影，但效果必然有限。在日本，当谈到提高劳动生产率时，通常会专注于缩短加班时间和减少员工人数，但这还不够。要想大幅提高劳动生产率，必须在劳动生产率公式中增加分子，即提高增加值。

　　由于增加值的增加没有理论上限，因此只要动脑筋想办法，就能提高劳动生产率。美国和德国的劳动生产率极高，正是因为劳动时间和员工人数少，同时作为分子的增加值也很高。那么如何才能提高增加值呢？

　　增加值是一个抽象概念，但如果用通俗易懂的词代替它，就很容易理解。总之，如果能创造一个赚钱的生意，那么增加值就会上升。日本人喜欢学习，但正因为如此，他们倾向于使用很多比较难的关键词。增大增加值以提高劳动生产率，总而言之就是"停止做不赚钱的生意，专注于赚钱的生意"。但不知何故，总有人故弄玄虚，提出一些不知所云的说法，例如"需要从机会的角度来讨论增加值的增大"。

　　请注意，这些关键词可能影响我们透过现象看本质。

　　生意有两种，一种是薄利多销、不怎么赚钱的；另一种是利润率高、很赚钱的。发展中国家缺少技术、资金以及商业经验的积累，所以只能以低成本进行竞争。因此，它们多从事工作时间长、薄利多销的业务。发达国家拥有雄厚的资本积累、精湛的技术和丰富的商业经验，所以它们多从事高利润率的业务，以较少的劳动时间赚取更多利润。

　　日本曾经是发展中国家，过去只能选择薄利多销的业务。这也是过去日本的劳动生产率较低的原因。但问题是，即使在日本实现富裕之后的当下，许多日本企业也未能摆脱薄利多销的商业模式。于是，日本正在重新退回到过去发展中国家的水平。不解决这方面的问题，就不能真正提高劳动生产率，实现富裕生活。

　　通过调整业务中的浪费和减少加班时间，可以在一定程度上减小劳动生产率公式的分母。但是，要将劳动生产率提高到与其他发达国家相同的水平，则必须增大作为分子的增加值。为此，必须举全国之力转向赚钱的生意。

下面，笔者想和大家详细讨论"赚钱的生意"。

● 即使维持高市场份额也没有意义

在第1章中，我们谈到日本是一个中等消费国，而不是出口大国，这与我们想象的不同。日本企业的出口份额在20世纪70年代开始上升，到20世纪80年代可以比肩德国，但此后一直在下降。然而，在日本国内，很多人认为日本是世界第一大出口国，且很多政策都是在此前提下实施的，也就是在错误认识现状之下执行相关政策。没有什么比这样效率更低了。

安倍政府提出了"日本复兴"的概念，并实施了政府支持出口产业的政策。出口额确实有明显的增长，但这是由于量化宽松措施导致日元贬值带来的实际降价让出口额有所增加而已。如果对出口情况进行更详细地分析，实际情况就会更加清晰。

自雷曼兄弟公司破产以来，日本在出口额上有所增加，但出口量却处于持平状态。如果日本制造商变得更有竞争力，那么出口量和出口额应该同步增长才对。但是，出口量没有波动，只有出口额增长，那就意味着产品销售总量没有变化，所以从行业角度来看，就可以理解为只是维持现状，甚至可以说在正在衰退。

一些优秀的制造商可能已经与时俱进转向高附加值产品了，这些制造商即使出口量减少，也仍然实现了出口额的增长。然而，低附加值的制造商已被中国和韩国制造商所取代，从而限制了出口量的增长，金额上的增长主要是因为汇率下降，所以可以认为实际并不赚钱。

这种情况清楚地反映在了全球市场的产品份额上。根据2015年版的日本《贸易白皮书》，美国和德国的出口产品中，市场在扩大的品类占全部出口的75%，而日本仅占47%（见图3-1）。鉴于日本在全球市场上的非增长品类占出口额的一半，整体出口额不会增长也就不足为奇了。

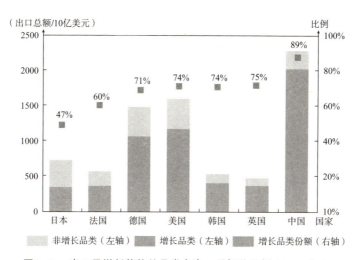

图3-1　出口呈增长趋势的品类占出口总额的比例（2014年）

资料来源：2015年版日本《贸易白皮书》。

以对中国出口为例，日本有一定数量的品类，与德国和美国相比，份额较高；但与德国和美国相比，市场正在扩大的品类占比则较小（见图3-2）。

在船舶、汽车、铁路零部件和医疗器械等高增长领域，美国企业和德国企业展示了自己的实力。日本企业在滚珠轴承、电容器等低增长领域占有较大份额。也就是说，图3-2显示日本企业在低增长的领域占有高份额。

另外，从德国对中国的出口来看，既有数量的增加，同

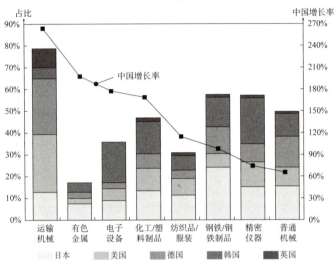

图3-2　各国在中国进口额增加品类中的占比

资料来源：2015年版日本《贸易白皮书》。

时也有单价的相应上涨。在这种量价齐升的趋势下，德国企业的利润将大幅增长。对于日本企业来说，也有部分品类的单价上涨，但在数量增加的品类中单价上涨的情况不明显。其中甚至有数量增加而单价下降的情况。由此可见，与德国相比，我们无法在高利润部分进行竞争。

从日本经济新闻社2015年对"主要产品及服务份额调查"的结果中，我们也可以看出同样的趋势。在调查的50个品类中，日本企业在碳纤维、汽车、可换镜头相机、微型计算机、工业机器人等9个品类中的市场份额最高。

工业机器人和汽车长期以来是日本企业的专长，而在碳纤维方面，东丽集团获得了美国波音公司的大量订单，在成长型市场中获得了较高的份额。但是，从其他品类来看，微型计算机、白光发光二极管（LED）等低附加值的领域也相当引人注目。具有讽刺意味的是，在微型计算机领域拥有最大市场份额的瑞萨电子却陷入了经营危机。

在数码相机和可换镜头相机领域，佳能和尼康保持着较高的份额，但数码相机的市场规模在一年内缩水了35%，可换镜头相机则下降了17%。索尼的游戏机尽管也有43%的份额，但市场本身受到智能手机的抑制，下降了13%。

与《贸易白皮书》的分析类似，日本在低附加值产品和萎缩市场中的市场份额扩大较为突出，凸显了未能赢得高增长市场的现状。企业只有在市场不断扩大的领域竞争，才能获得巨大的利润。如果无法获得更大的利润，相对劳动生产率无疑就会下降，社会就会贫穷。美国和德国的企业正在与时俱进转变业务内容，以此获得高附加值，进而维持较高劳动生产率。而现实情况是，日本企业忽视了这方面的问题，导致出口份额下降，附加值也不断降低。这就是为什么虽然有人吹捧安倍经济学彻底重振了日本经济，但很多人都没有感受到自己变得富有。

● 为什么德国能在制造业上持续成功

第二次世界大战后的日本通过效仿制造强国德国，实现了出口的扩大，一度达到逼近德国的水平，但此后日本制造业的竞争力大幅下降。如前所述，日本现如今已不再是制造强国或出口导向型国家。

虽然笔者毕业于工学院，但笔者认为日本不一定要建立一个制造强国（详见后述）。然而在日本，多数观点认为日本应该继续发展制造业，而且很多政策都是以此为前提的。如果我们要继续发展制造业，就必须举国转向可以体现高附加值的产业结构，在这方面，笔者认为德国有很多值得我们学习的地方。

德国的制造业一直保持着强劲的国际竞争力，同时作为制造强国傲视群雄。为什么德国的制造业能够持续取得成功呢？

德国的制造业表现出强劲竞争力的原因有很多，但最大的一个原因是企业的新陈代谢快。随着时代变迁，企业也在不断变化，要想保持高水平竞争力，就必须不断应对变化。如果人员和组织始终不变，企业的活力肯定就会下降。所以，要想成为制造强国，就必须激活企业的新陈代谢。

按理说，如果一家应该退出市场的企业继续存在，劳动力就会固化在这样依然如故的企业里，也就无法进入新的行业。日本和德国在这方面的情况截然相反。

根据2014年《中小企业白皮书》，日本2012年的企业破产率约为4.1％，德国的企业破产率是8.4％，约为日本的2倍；美国是10.3％，约为日本的2.5倍。而企业新设率的情况也大致相同，欧美各国的企业新设率是日本的2倍多。换言之，其他国家在大量企业破产的同时，也诞生了很多新企业。

反观日本，企业破产的数量正在下降。破产减少似乎是一件好事，但事实并非如此。根据东京商工会议所的数据，2018年日本企业的破产数量为8235家，连续10年低于上一年，为近30年来的倒数第三低。如果因为持续繁荣而带来破产减少是没有问题的，但目前日本经济长期不景气，工人的实际工资正在不断下降。为什么在这种环境下日本企业破产率反而显著减少呢？

在日本，企业破产减少的最大原因是2009年出台的《中小企业金融圆滑化法案》（促进金融机构暂时缓期收回对中小企业的贷款的法案）。该法案规定，当现金流紧张的中小企业要求变更还款条件时，银行必须尽可能对其减免利息或调整还款期限。该法案本身是有时间限制的，规定于2015年失效。但银行仍在继续按照《中小企业金融圆滑化法案》的主旨进行操作，从而导致企业破产数量减少。由于银行的减免措施和还款宽限期，即使是原本难以生存的企业也因此得以续命。

我们通常会认为，经济不景气时会有企业破产。有些情况下，这样的解释是合理的，但并非总是如此。

图3-3显示了日本企业破产数量和实际国内生产总值的情况。20世纪80年代初期和20世纪90年代后期这两个阶段值得注意。

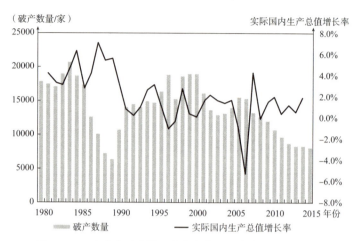

图3-3　日本企业破产数量变化和实际国内生产总值增长率

资料来源：作者根据东京商工会议所数据创建。

　　20世纪80年代是日本走向泡沫经济的景气水平上升时期，2000年前后是美国互联网热潮催生许多创业公司的时期。在这两个时期，企业的商业模式和产业结构都发生了翻天覆地的变化。在此期间，日本企业破产数量的增加表明企业的新陈代谢正在加速进行中。换言之，企业的新陈代谢与破产之间存在一定的相关性。

　　相反，自雷曼兄弟公司破产以来，日本企业破产数量一直在稳步下降的事实可以解释为经济的新陈代谢没有进步。也就是说，企业破产数量的减少并不一定是一件好事。

美国是一个全面贯彻自由竞争原则的国家，而德国给人的印象不一定如此。诚然，德国和其他欧洲国家的劳动者享受着优厚的保护，可以说他们得到的福利比日本的福利更好。在这种情况下，德国企业新设率和破产率都维持高位，这是政策的结果。

德国在2012年修改了破产法，对于不符合某些标准的企业，其董事①在法律上负有申请破产的义务。也就是说，为了防止经营者为保全自身利益而让企业存续，由国家强制企业退出市场。另外，德国也因其对失业者的高额津贴而闻名。在德国，虽然企业可以随时以任何理由解雇员工，但是被解雇的劳动者有丰厚的失业保险，并且可以参加许多职业培训计划来获得新工作，从而更容易找到下一份工作。

对于那些作为企业经营者的精英们来说，获得更高社会地位和高额报酬的代价，就是必须不断创造能够赢利的业务。在德国，经营一家不赢利的公司，可以说是一种犯罪。无法满足赢利要求的经营者，就没有成为精英的资格，会遭

---

① 企业所有者的代表。——译者注

到毫不留情的驱逐。

德国通过全面推行对劳动者的保护和培训，不断促进劳动者向新行业转移。虽说德国政府对工业结构转型的强势干预有利有弊，但毫无疑问，这一政策必然有助于促进经济的新陈代谢。

另外，英语对于成为制造强国至关重要。听起来似乎有些意外，但英语能力与德国制造业的实力息息相关。根据教育巨头英孚教育发布的2018年世界英语水平排名，日本的英语水平在88个国家中排名第49，属于"偏低"一类。而德国则属于"非常高"一类，在88个国家中排名第10。排名靠前的国家有瑞典、荷兰、挪威、丹麦和芬兰等，这些国家的工业实力都很强，而且在民族和文化上都与德国接近。

乍一看，制造业似乎和英语教育风马牛不相及。只要生产出好东西，全世界就都知道，不懂语言也能卖。事实上，日本人过去也能卖很多东西，即使他们英语不好。然而，这主要是由于所销售的产品是通用的和低附加值的。

对于简单的产品，语言能力影响不大，因为客户可以很容易弄清楚规格。然而，当我们转向高附加值制造业时，情况就不再如此。德国所擅长的医疗器械、生物技术、重型电机等领域的产品要推向市场，仅仅做单一产品是不够的，需要开展解决方案型业务，以解决客户面临的问题。而要开展此类业务，就要和客户密切沟通，此时语言能力就会有所影响。

虽然日本长期以来一直在强调英语教育的重要性，但在现实中并没有积极地开展英语教育。笔者的立场是，没有必要推行全民英语教育，即使在发达国家中也有些国家并不那么重视英语教育。在前述排名中，意大利位居第34，法国是第35位，虽然没有低到日本的程度，但英语也没有那么好。

如果有一定的内需，只靠国内的产业经济也能运转，那就完全没有必要勉强学习英语。这样的想法也很能说得通。像日本这样拥有超过1亿消费者说同一门语言的发达国家并不多，所以如果日本也能建立一个以内需为中心的经济运行机制，那么就没有必要依赖英语了。

但是，正如之前所说，日本绝大多数人认为经济应该建立在制造业基础之上，相关政策也以此为基准。当下，制造业立国是日本的国策。如果是这样，糟糕的英语可能会产生致命的后果。如果不凭借高附加值的产品赢得竞争，就无法在制造业领域中脱颖而出。但要开展这样的业务，更高的英语水平必不可少。

因此，日本如果想要像德国那样在制造业中取得成功，就必须坚决地训练英语，很多日本人不也正想要这样的教育吗？

● 不消除分包和中间剥削，就无法致富

前面谈到，日本这个国家并不是日本人印象中的出口强国。除此之外，日本企业界还保留着多层转包结构以及中间剥削等旧时代商业惯例。这在西方企业界极为少见，它是极大降低日本劳动生产率的一个因素。

在日本，大公司向中型分包商发包，中型分包商又向中小型分包商二次分包。大家对这样的做法早已习以为常。按功能划分层次结构本身并不是一件坏事，能让企业更应该专注于擅长的专业领域。可以说，一个成品制造商请另一家企业制造简单零件，这在其他国家也是司空见惯的。

但是，在市场机制稳固的经济区，承接低附加值产品制造的分包商会通过兼并等方式扩大市场份额，并试图提高与

发包方的议价能力。或者，在大多数情况下，低于一定价格的工作会因为没利润而被分包商拒绝，同时分包商通过优化供应产品的企业数量，确保价格不会降至某个数值以下。

　　然而，在日本，这样的市场机制不起作用，分包商始终无法体现竞争力。于是，总承包商就无休止地要求折扣，分包商也将工作抛给二级分包商以求削减成本，从而导致整个经济的巨大浪费。

　　这在商品流通上也是一样的。为了把商品配送到世界的每一个角落，不可避免地要有一级批发和二级批发等一定的层级结构。即使在其他国家，也有和日本的批发行业结构类似的经销商行业。但是，日本的商品流通形式比较复杂，整个行业的优化也没有取得进展。此外，旧的商业惯例目前仍然普遍存在。在其他国家，制造商直接销售产品的情况并不少见，但在日本，有很多制造商不会将产品直接销售给最终客户，因为担心这样会扰乱行业的和谐。长此以往，许多只求赚差价的中间商就会得以保留，从而大大降低整个经济的效率。

　　信息技术行业给人的印象是全球最前沿行业，但实际情况完全不同。有很多企业只是从总包商那里接活，然后再把工作直接扔给二级分包商，所以业内衍生了很多像"信息技术总包""信息技术土方"这样的词。特别是政府采购信息系统，据说是此类商业行为的温床。

日本政府每年在系统开发和运营上的花费达数千亿日元，使其成为信息技术行业最大的客户之一，但是只有少数企业可以直接从政府那里获得大型系统的开发和维护订单。由于政府的系统都通过招标决定，虽然原则上说招标应当向全社会开放，但是没有经验的企业极难入围。

如果是民营企业，或许能够尝试向一家新的企业下订单。但对于政府来说，招标要遵循公平的大原则，不可能采取这样的措施。因为政府是在几乎不透露系统规格信息的情况下一次性竞标，所以对于新加入的企业来说风险过大。因此，中标者将集中在少数几家大的企业，但这些企业并没有资源来开发和运营所有系统。于是，开发被丢给中型系统公司，然后中型系统公司再继续转给分包商。

在政府下订单的阶段，以每人每月150万日元（一名工程师投入开发一个月的劳动量单位）的单价订购的系统，随着被一次分包、二次分包，单价变得越来越便宜，最末端以70万日元左右的单价承接工作的情况并不少见。说得极端一点，在中间承接业务的企业，就变成了纯粹赚取差价的中间商。

金融机构也是堪比政府的大客户，并且其企业文化也接近于政府机关，所以也只有少数企业能直接从金融机构接单。因而，逐步形成了由特定的大企业垄断系统订单，再将其外包给总分包商和二级分包商的业务流程。这也成了导致日本劳动生产率降低的主要因素之一。

类似的案例也可以在交通运输行业中看到。由于再投递等问题，运输企业员工的过度劳动已经成为一个重大的社会问题。但运输企业的业务不仅仅是投递人员直接将包裹递送给客户，还有将货物从物流中心运送到当地配送中心的业务是我们看不到的，这部分业务也分配给了很多人。

一些运输企业以令人难以置信的价格将这些站点间运输交给分包商。有些时候从客户那里收取的运费大部分被运输企业拿掉了，而分包商没有得到适当的报酬。这自然会伤害整个行业，且不可能提高劳动生产率。

　　虽然不同的统计数据之间无法进行严格比较，但也能说明一些问题，在日本，每1000万人约有280000家企业，而在美国只有240000家（数据源于日本中小企业厅和美国人口普查局）。与人口数量相比，日本的企业数量过多，原因之一是有些企业只希望赚取中间利润。

　　假设一家公司的管理部门有20%的人员，每当公司把接到的工作重新发包给总分包商和二级分包商，就会额外产生20%的管理工作，而做这些事的人原本是不需要有的。如果这些人去从事可以获得利润的其他业务，整个经济圈的增加值就会增加，劳动生产率也会大幅提高。

　　除此之外，日本中小企业比例很高。员工在14人以下的公司占日本公司的22%，而在美国仅为15%或更低。日本有很多小规模的商业机构，从整个经济来看，可以断定目前还是不合理的。

　　有些国家，比如德国，既有许多像日本一样的中小企业，同时又实现了世界一流的劳动生产率。但是，德国中小企业的竞争力极高，许多中小企业直接向其他国家客户销售产品。这是因为德国在利基市场中拥有较高竞争力的企业敢于控制规模，与日本的分包商不可同日而语。

　　一家只在中间赚差价的企业创造的附加值很低，所以只能薄利多销。可想而知，这些企业的员工也只能拿到较低的工资，从而拉低了所有劳动者的平均工资。而且，这些企业只生产中间产品，对国内生产总值没有直接贡献。如果这些企业转向提供其他产品和服务，日本的国内生产总值就可以在顷刻间增加，工资也会随着附加值的增加而上涨，但现实是此种情形并没有实现。

● 不太学习的日本人

除了整个产业结构有问题，日本在个人技能方面也面临诸多挑战。为了顺应时代变化，获得高附加值，除了优化组织和管理方式之外，不断提高个人技能也非常重要。在这一点上，日本也落后于其他国家。

瑞可利职业研究所关于商务人士学习情况的调查结果令相关人士大为震惊，这是因为调查结果反映出日本人对学习的态度相当消极。根据该机构开展的2018年日本全国实际就业情况小组调查，日本的雇员中自学的人数占33.1％，只有22.5％的员工获得了企业提供的学习机会（脱产培训）。显然易见，日本的大多数商务人士什么也不学，也没有从企业获得学习机会。虽然大家对日本商务人士学习积极性低、企业内部培训不力等问题都略知一二，但这些具体数字出来之后，给人的冲击力还是很大的。

此项调查仅以日本国内作为调查对象，而在国际比较调查中也得到了类似的结果。根据经合组织2012年进行的"国际成人能力评估调查"可知，日本"为取得某种学位或毕业资格而学习"的人在成员中居最低位。就日本而言，考虑到通过外部培训机构进行员工培训的情况很少发生，"日本人不学习"也就说得一点都没错。

关于日本人为什么不学习，前面提到的瑞可利调查给出了令人惊讶的结果。当那些回答"不学习"的人被问及为什么不学习时，表示"没有适合学的东西"的受访者为51.2%，处于压倒性多数。问卷中有很多选项，例如"工作忙""成本负担重""学了公司也不表扬""知识已经很丰富了"等，而大部分人都不属于其中任何一种。说得难听一点，连自己为什么不学习的原因都没有思考过。

这一结果让实施调查的该机构分析师感到非常惊讶，因而在原本不应掺杂个人情感的调查报告中感叹道："我们考虑了各种可能性之后准备了各个选项，最后白费功夫。"

日本人不学习的倾向似乎从学生时代就开始一直延续至今。在学生时代除了上课和应试，会自学感兴趣的内容的受访者只有12.6%，其余则都回答"完全不学"或者"仅为应试而学"。到目前为止，如果已经养成了不学习的习惯，即使被告知"时代在变，从现在开始需要终身学习"时，大多数人也会不知道该做什么以及怎么做。

当然，其他国家也有不学习的人。但在日本，有很多所谓的精英特点非常鲜明：名牌大学毕业，没有日常阅读的习惯，也几乎不学习。

在日本，我们不是通过竞争来选拔管理者，而是根据大学的差别自动决定你是否可以成为管理者，所以这可以说是一个非常严峻的情况。据说企业劳动生产率实际与培训投资有着密切的关系。

许多国际比较调查表明，对人力资源的投资越积极，劳动生产率增长越高。其原因是，持续进行培训投资有助于增加管理层的知识，促进商业模式的转变，最终实现附加值增加。由于企业是由人来经营的，从事管理工作的人如果不能做到通过不断学习来应对时代的变化，则必然导致企业的利润相应减少。然而，日本的情况正好相反。根据《劳动白皮书》，日本企业对人力资本的投资在不断减少，这是降低劳动生产率的一个重要因素。

从2006年到2010年，美国人力资本投资增加了约3%，德国增加了约2%，而日本的人力资本投资则大幅减少了10%。毫无疑问，这将对管理层履行职责的能力产生影响。

人才培训的问题其实与信息技术在社会上的应用息息相关，而且它会带来更加棘手的问题。在信息技术高度普及的当今社会，员工的技能提升和信息技术的应用几乎是配套的。对人力资本进行积极投资的国家，通常对信息技术投资也很积极，同时国民的信息技术技能也很高。

前文介绍了日本的人力资本投资呈下降态势，而从同期的信息技术投资来看，日本也同样落后于美国和德国。由此可见，由于日本的员工技能没有提升，导致信息技术在业务中没有得到有效利用。受这些情况的综合影响，日本的劳动生产率停滞不前。

在日本，不使用信息技术反而能获得正面评价。根据国际信息技术市场调查机构加特纳集团（Gartner Group）在

7个主要国家进行的信息技术技能调查，58％的日本人认为他们的信息技术技能为"业余"或"中等"，与其他国家相比，这一比例显著偏高。

据说日本人往往比较自谦，但还是可以看出这个数字相当突出。其实日本人自我定位偏低这个说法相当可疑。每次有日本信息技术利用率偏低的调查结果公布，总有人提出许多非常积极的看法。例如"在日本生活非常方便，所以不使用信息技术也能达到目的"，或者"这样的结果倒不如说象征着日本社会的基础设施水平高"。

很多人为了避免使用信息技术，浪费了大量的时间和精力，进而显著拉低了劳动生产率。尽管如此，日本人对此不吝溢美之词的倾向仍然很强烈。这样的行为真的可以用自我评价低来解释吗？笔者完全不这么认为。

再进一步说，除了信息技术利用率，另一个与日本人不愿学习密切相关的因素是跳槽。之前的瑞可利调查也涉及跳槽经历和继续学习。调查结果显示，没有换过工作的人继续学习的概率比换过两次工作的人低4％。同时，如果换工作超过三次，继续学习的可能性将进一步增加。换言之，一个人换工作的经验越多，为了适应新的环境，就越有可能继续学习。人们普遍认为，就业流动性越高，劳动生产率就越高。相关调查结果可以作为这一假设的背书。

如果同样一群成员在一起，几十年如一日做同样的工作，不管他们多么有才华，也肯定会逐渐故步自封。如果日本的就业体系变得更容易跳槽，人们在不知不觉中学习的机会就会更多，而日本的劳动生产率也肯定会提高。

换工作会让人受到更多的刺激，从而对人的心理会产生积极的影响。如果我们能更灵活地考虑就业，这一系列问题都会得以大幅改善。

● 能看懂文字却读不懂文章的日本人

　　我们在前文中讨论过日本人的学习问题。学习不仅仅是获得专业知识，能够阅读文章，理解其含义，并训练自己写出符合逻辑的文章，也是重要的学习内容之一。而且，这种通过文本进行交流的能力会影响企业的劳动生产率，甚至可能影响整个国家的劳动生产率。尤其是在需要与其他国家进行交流时，这种影响就变得非常大了。

　　日本人普遍不擅于和其他国家的人交流，因为他们的英语水平较低。有鉴于此，日本几十年来一直在强调英语教育的重要性，但与其他国家的交流却始终没有改善。虽然有些行业需要高超的英语水平，但现实是很多亚洲人操着一口蹩脚的英语，也照样跟说英语的人做生意，所以语言能力并不是很大的障碍。

如果问题不在语言上，那么又在哪里呢？笔者能想到的一点是日本人的脑回路。如果你掌握了有逻辑的思考方式，即使有一点语言障碍，也不影响商务交流。但是，如果思维方式本身不合逻辑，那么无论你把语言学到什么程度，都无法将你的意思准确地传达给对方。

此前，一个网站上发布了一篇关于阅读理解的文章。内容说的是有人在推特上说了一句"这周很热，所以我们公司允许穿凉鞋上班"的推文，然后就收到了诸如"为什么只有这周可以？""没有凉鞋的人来上班吗？""热不热先不说，总之这样不好吧"等回复。发这篇文章的人感叹，就是这么简单的一句话，有太多人看不懂意思。这些回复很奇葩的人很有可能只看到了关键词"允许穿凉鞋上班"。也就是说，即使看到了文字，句子也没有进入大脑。

在新闻网站的评论栏里，放眼望去，无数的回复都是那些没有仔细读文章的人留下的，或者是针对某一个关键词发表意见，而完全忽略上下文的意思。毫无疑问，这是因为有一定数量的人没有读或读不懂文章。

记者佐佐木俊尚指出，推特上出现那些"杠精回复"的主要原因就是人们缺乏阅读理解的能力。推特是一个具有即时响应和回复功能的工具，所以难免会出现一定数量的、有误解的回复。但是，关于日本人阅读理解能力不行的批评随处可见。

绰号"古驰君"（Gucci-san）的投资银行家山口正洋〔日语中的"口"（kuchi）发音与英语"Gucci"接近〕在其专栏中指出，太多日本人不能正确阅读商务邮件的内容。由于沟通的内容含糊不清，所以他和客户不得不见面重新确认内容，于是导致工作效率降低（山口先生于2019年9月因癌症去世）。

关于这一点，笔者也想起了一件类似的事。一些商务人士和笔者在业务相关的邮件往来中，并不能充分理解邮件的内容。如果放任这种情况，就会妨碍到经营管理。所以笔者想了很多办法来确保妥善处理好每一项工作，包括尽量逐条列明事项、重要的事情单独发送邮件以及发送确认邮件等。收发这些邮件的人都是所谓的高学历人群，他们在基础学习能力方面应该算日本一流。山口先生的情况大概也是如此。即使是所谓的高学历人群，也往往缺乏基本的阅读理解能力，这是一种可怕的现象。虽说只是简单的邮件交流问题，但我们都知道积少成多的道理，这样的问题有可能使整个社会的劳动生产率大大降低。

● 远程办公在日本没有进展的原因

　　如何培养阅读理解能力，其实是一个深奥的话题，回答起来并不容易。它可能单纯取决于阅读文章的技术，也可能涉及有没有逻辑的根本问题。除此之外，心理上的影响也不容忽视。这是因为如果我们有先入为主的情感因素，则往往会在不知不觉中只提取符合我们情感和印象的关键词，从而得出完全不同的结论。

　　有研究案例显示，大脑中的信息处理算法因语言而异。所以我们需要与其他语言区域进行比较（顺便说一句，山口先生表示他在和美国人的交流中不太可能发生那样的误解）。

　　至此，我们讨论的话题变得有点过于宏大。笔者认为在实践中有两种方法：一种是尽量以书面而非口头的方式进行交流，并让整个社会都习惯这种做法；另一种是将表达和标记符号的方法系统化，使其尽可能易于理解。

在日本，很早就有人指出需要改善远程办公的环境，但这方面始终没有进展。这对提高企业的劳动生产率产生了不利影响。远程办公在日本无法实现，极有可能不是技术问题，而是心理问题。

在日本的职场，工作指令和职责范围往往并不明晰，除非整个团队碰头并逐一确认情况，否则工作无法进行。当然，有了面部表情、手势、声音等视觉信息，即使语言表达不清晰，也能大致进行交流。但是，一旦习惯了这样的风格，读写文件的能力就无法提高。而对于其他国家的人来说，日本人之间所谓的"连呼吸都有默契"是行不通的，所以这将阻碍国际化的沟通。如果工作指令和职责范围能够以文件形式有逻辑地输出，则日本人的阅读理解能力肯定会提高，这将是一个促进远程办公和全球活动的良性循环。

与此同时，我们还需要进行信息系统化的培训。

日本和美国的职业特征和经济统计网站存在着惊人的差异。虽然美国网站用的是英语，但内容直观易懂（笔者没有留学或外企的工作经验，所以英语水平非常一般，并不是因为我英语基础水平较高，才容易理解内容），而在很多情况下，日本网站上只有大量与统计数据相关的注释，且信息完全没有进行整理。换句话说，这些网站并没有想过会被各种立场的人阅读（或者即使想到了，也可能无法系统地描述它）。

令人不解的是，知道细节的人不是要求改进这些难以理解的信息，而是利用这种"难以理解"，相对于那些不理解的人，说出"我知道哦"，占据优越位置（即所谓的"秀优越感"），这样本末倒置的现象屡见不鲜。在你的工作场所，是否也有类似的事？明明是难以理解的信息，却有同事沾沾自喜地说："你连这个都不知道吗？"

对于那些只能给出多数人都难以理解的信息的人，如果我们能创造负面评价他们的环境，那么阅读理解能力不足的问题就应该会得到显著改善。

也有人批评强调通俗易懂的表达会导致讨论趋于肤浅，但笔者不这么认为。用难懂的方式解释难懂的话题，任何专家都能做到。而现代社会越来越开放，只有将不同领域的知识跨界融合，才能开拓新的业务领域。笔者认为，我们需要进行一场思维改革，如果一个人缺乏向非专业人士正确解释专业内容的能力，我们应当认为这个人作为专家是不合格的。

这些举措的积累是产生利润的源泉，并且最终会带来劳动生产率的巨大差异。

● 没有信任他人的能力，生意就很难做

　　社交媒体已成为社会不可或缺的一部分，但在日本，有一种明显的趋势是将互联网空间视为虚拟空间。有很多人平常很安静，但是一上网就会性情大变，对别人污言秽语。从这一点也可以看出他们将互联网空间视为虚拟空间的明显趋势，对互联网空间的这种认知实际上对劳动生产率产生了很大的影响。

　　互联网空间中的行为和现实世界中的行为实际上在幕后是联系在一起的，一个人如果在现实世界中无法信任他人，那么在互联网社会中也不会信任他人。

　　日本总务省发布的2018年《信息通信白皮书》中围绕互联网的使用，刊载了一份颇为有趣的调查结果。该白皮书

称，调查结果显示，日本人对社交媒体的使用过于极端地偏向于浏览，很少有人发布自己的原创信息。只有5.5%的日本人在脸书（Facebook，现已改名为"元宇宙"）上发布信息，这与美国（45.7%）、德国（25.9%）和英国（34.9%）相比有很大差异。虽然脸书本身在日本并不是很普及，而且回答"没用过"的人也超过半数，但即使在使用脸书的用户当中，日本发布信息的人也仅为16.7%，比其他各国更低（40%~50%）。其他媒体也是如此，日本用户在推特上积极发言的人为9%，只有美国的一半左右。在博客用户中，只浏览的用户比例达到了美国的两倍。

如果日本人对社交媒体的使用偏向于浏览，那么在互联网空间飞来飞去的信息就是由少数人发送的，因而有可能并没有展现全貌。很多网友都知道网络上的信息和言论是有偏见的，而这个调查结果也可以算是佐证之一。

以日本为例，除了发布信息的人较少，很多情况下，互联网上的大部分信息都是已经存在的信息的副本。而不可否认的是，同一信息的传播有可能会造成进一步的偏见。如果信息有偏见、来源不独立，就有可能无法创造所谓的"集体智慧"。概括地说，所谓集体智慧，就是"大家的意见是正确的"。

在谷歌等公司提供的搜索引擎算法中，已经应用了集体智慧的概念。关于集体智慧正确性的实例，经常被引用的是1986年"挑战者号"航天飞机事故。事故发生后，在事故原因还不清晰的时候，那家生产（导致高温气体泄漏的）密封圈的公司股票就下跌了。早在正式调查结果出来之前，市场就已经完美地确定了原因。

谷歌的搜索引擎已经应用了集体智慧的概念，开发了一种机制，将有很多人访问的网站判断为有用，然后据此对搜索结果进行排名（不是仅凭这一点来判断，但毫无疑问，访问和链接的数量肯定是重要因素）。如果我们能有效利用互联网上的集体智慧，就可以大大减少找到真知灼见的时间，这对经济的影响也是巨大的。

过去在做一个新项目时，我们需要花费大量时间收集信息，比如请教专家和有经验的人，或者从大量书籍中寻找合适的内容。如果能在网络上形成集体智慧，只要看一眼信息就能做出大致的判断。由于省去了一系列调查所需的时间和精力，所以效率可以提高几倍甚至几十倍。但是，要想让"大家的意见都是正确的"这一命题成立，需要满足四个条件：①意见的多样性；②意见的独立性；③意见的分散性；④意见的集中性。也就是说，不同价值观的人聚集在一起，彼此不受他人影响，使用自己的信息来源，表达自己的想法，再对结果进行汇总，必然可以得到正确的答案。从这个角度来看，日本的互联网空间由于发布信息的人数较少，且信息存在偏见，因而造成信息的可靠性随之下降。

● "信任"也是一种能力

　　前述调查还就"是否信任网上认识的人"进行了比较。只有12.9%的日本人回答说"在社交网络（SNS）上认识的人大部分是可以信任的"，而美国和英国具有同样的看法的人分别为64.4%和68.3%。同时，87.1%的日本人回答"不太相信"或"不相信"，由此可见，日本人不信任在互联网空间中认识的人。

　　事实上，"日本人不信任他人"这一现实并不只是互联网领域独有的。不区分虚拟和现实世界时，只有33.7%的日本人回答"大多数人都可以信任"，这一比例仅为其他两个国家的一半。也就是说，日本人基本上都不信任他人，只不过这种倾向在互联网领域更为明显。所有在其他国家做过生意的人都知道，日本人给人的印象是疑心重，不信任他人。

美国常被认为是契约社会，但这只是对某些文化的极端诠释。在美国，很多事情以信用为基础，事后引发财务纠纷的情况也不多。而在中国，一旦建立了信任关系，对方给你的信任甚至让你自我怀疑：真的可以信任到这个程度吗？

日本人和日本社会无法实现全球化，原因可能不在于英语等问题，而在于无法信任他人的性格导致的重大影响。因为在经济活动中不信任对方的代价是巨大的，所以日本正在失去大量财富。为了降低与不可信合作伙伴打交道的风险，我们需要花费大量的成本来调查合作伙伴，凡事都要签合同，所以非常浪费时间和成本。而避免这种情况的唯一方法是将交易范围缩小到熟悉的人，并在有限的范围内进行面对面的经济活动。

许多日本企业只和长期合作的伙伴做生意，并且只向有资本关系的分包商下订单，而这种商业惯例是为了通过只和熟悉的合作伙伴进行交易，以达到规避风险的目的。但是，如果一直只与特定的合作伙伴进行交易，很容易滋生相互串通的情况。最重要的是，即使有条件更好的合作伙伴，也会产生排斥作用。在这样的环境下，就无法充分贯彻市场原则，最终必然会付出很大的代价。正如笔者之前在远程办公内容中提到的，日本人不信任他人的性格很可能是远程办公在日本没有普及的原因之一。

笔者认为，即使我们做出了极大的努力来降低成本，也没有获得收益的感受，背后就是与这些隐形成本有关。

在即将到来的时代，不管我们愿不愿意，网络化的商业趋势都将继续向前发展。要想充分利用互联网这个广域平台，首先要具备在现实世界中信任他人的能力。如果在学会信任的同时又能不过度依赖信任，互联网空间就不再是异度空间，商业的网络化发展就会畅通无阻。最终，这将会带来丰厚的利润并提高劳动生产率。

● 日本企业的经营其实是短视的

大家过去曾经有一种印象，认为日本企业从长远角度经营，不追求眼前的利润，而美国企业只追求削减成本等带来的短期利润。然而，日本公司看重长期效果和美国公司看重短期效果的说法现在要完全颠倒了。现实情况是，如今日本企业的眼光是极其短视的。

在第1章中，我们讨论过日本的劳动力短缺仅限于一些特定行业，如长期护理、建筑和零售等。而以白领为主的大量劳动者，在企业里是过剩的。事实上，尽管日本企业的销售额过去十年几乎没有增长，但员工人数一直在增加，确实存在劳动力过剩的状况。因此，日本企业的总人力成本不断增加，进而给增加利润带来压力。

　　另外，日本企业不是将每年赚得的利润用于设备投资，而是将其累积为留存收益。日本企业2017年度的留存收益（会计上称"剩余收益"）接近4500000亿日元，这笔巨额资金无法用于投资。日本企业折旧费用占销售额的比例逐年下降，由此可见投资一直受到抑制。企业只有将在业务中赚取的利润用于下一代业务，才能确保继续开展业务。而不将利润转化为设备投资，就会失去未来的利润。

　　那么，既然设备投资是未来利润的来源，为什么日本公司不愿意进行设备投资呢？原因是日本企业经营者的视角变得越来越短视。正如在本书中多次指出的那样，由于日本劳动法的规定，日本企业不能随意解雇员工。因此，日本企业在聘用全职员工时都非常谨慎。一旦录用员工，几乎要终身雇用，这对企业来说是一个沉重的负担。

　　随着科技的进步和时代的变迁，企业的经营环境会发生巨大的变化，因此员工的招聘也必须适应时代的变化。以往，日本企业需要基于长期的企业战略，来考虑招聘、搬迁、培训等问题。但遗憾的是，在今天的日本企业中，已经看不到这样的思考方式了。如果因为时代的变化需要新的业务，日本企业会临时招聘，所以员工人数一直在稳步增加。

设备投资也是如此。对于企业来说，每年确保利润固然重要，但着眼于未来5年或10年的长期投资也很重要。当下日本经济正处于人口减少和市场萎缩的逆境中，只有积极投资新技术和海外市场，才能维持与以往相同的业绩。

尽管如此，许多日本企业在设备投资方面并不积极，并且将每年赚取的利润作为现金持有。原因和前面说的一样，可能是日本企业没有长期的经营战略，而管理者不知道该往哪里投资。再者，很多日本企业的经营者并不是职业经理人，而是从员工晋升为高管职位的，这也是日本企业无法制定长期战略的原因之一。

在日本，就算当上董事长，也会因为人事变动而不得不在几年后让位给后辈。另外，即使提高了企业业绩，也拿不到特别多的奖金。所以他们特别关注的是不要在任期内犯大错，并不愿意做高风险的投资。

通过客观分析以上这一系列情况，我们还能说日本企业是从长远角度经营的吗？显而易见，日本企业追求的只是短期利润。如果继续抑制投资，日本企业未来的业绩将更加岌岌可危。

● 都科摩和凯迪迪爱都意识到了自身的加拉帕戈斯化

曾任谷歌日本公司总裁的村上宪郎就日本企业的短期经营视角发表了有趣的言论，这段话是村上宪郎在将曾担任谷歌美国总部首席执行官的埃里克·施密特（Eric Schmidt）介绍给都科摩公司和凯迪迪爱（KDDI）的高管时所说的话。

当时都科摩公司和KDDI都提供i-mode和EZweb等加拉帕戈斯化①（Galapagosization）服务。两家公司的高管都表

---

① 加拉帕戈斯化：日本的商业用语，指在孤立的环境（日本市场）下，独自进行最优化，而丧失和区域外的互换性，面对来自外部（其他国家）适应性（通用性）和生存能力（低价格）高的品种（产品或技术），最终陷入被淘汰的危险。——译者注

示，"从现在开始，（不同于i-mode和EZweb的）横向分工将会进一步发展"。在接受商业杂志采访时，村上先生说："虽然都科摩公司和KDDI都感受到了垂直整合的局限性，但他们已经无法回头了。"

日本市场处于以日本电报电话公司（NTT）[①]为中心的现有企业占据垄断地位的状态。在这样的市场之下，即使互联网社会开放的趋势很明显，毫无疑问，在短期内提供加拉帕戈斯化服务更加有利可图，其典型实例就是i-mode和EZweb。

不过，从长远来看，这些加拉帕戈斯战略显然行不通，村上先生自己也心知肚明。如果真的如村上先生所说，那就意味着都科摩公司和KDDI已经意识到了这种情况，但无法改变他们的方针，只能继续采取短期战略。就连能够代表日本企业的都科摩公司和KDDI也这样做了，所以很有可能许多日本企业也做出了类似的决定。

事实上，日本企业的短期定位在学术上也被人指出过。

---

① 都科摩公司是日本电报电话公司的手机公司。——译者注

经济产业省于2014年召开了一次专家会议，并编制了题为《面向可持续增长的竞争力和激励机制》的报告。由于这份报告主要由一桥大学商学研究生院教授伊藤邦雄撰写，所以通常被称为"伊藤报告"。该报告指出，日本企业倾向于短期经营，难以进行针对长期创新的投资。虽然这份报告是五年前发布的，但现在日本企业的情况几乎和报告指出的一样，例如通过削减成本以产生利润，以及设备投资受到抑制，等等。

着眼短期的经营方式会在某个时候陷入困境，最后该来的麻烦还是会来的。

● 大兴土木的弊病很大

日本企业的短期导向也造成了国内需求的极大扭曲。在东京市中心，近几年掀起了一股前所未有的建设热潮。有人评论道，这是日本经济强劲增长的证据。考虑到消费如此低迷，企业也在抑制设备投资，这样的建设热潮还是有点不合常理。

2018年3月，由三井不动产投资逾1300亿日元开发的东京中城日比谷开业。这个地方曾经有多座办公楼，但这些都被拆除了，每一栋楼都被整合成一个巨大的综合体。中城日比谷是一系列再开发项目中最大的项目之一，类似的开发项目也在东京市中心的各个地方推进，2018年有超过20座大型楼宇开业，2019年竣工的楼宇数量也不相上下。

　　这一系列大规模的开发往往被认为是奥运会的特殊需求，但实际并不一定是这样的。开发项目包括针对外国游客的商业设施和酒店，这当然可以说是奥运会的特殊需求之一。然而，一座接一座拔地而起的大型写字楼与奥运会的特殊需求并没有直接关系。显然，仅仅由于奥运会的举办或入境游客需求增加，并不意味着写字楼会突然短缺。

　　那么，为什么在经济不景气的情况下，日本近几年仍然不断兴建大型写字楼呢？最大的原因是日本央行的量化宽松措施。在2013年4月的货币政策会议上，日本央行决定实施量化宽松措施，通过购买国债向市场提供大量货币，按照每年800000亿日元的速度，持续从市场上购买国债。

　　实行量化宽松政策后，日元先出现贬值，消费者物价指数随之上升，但随后物价上涨步伐放缓。最近，许多人开始质疑量化宽松措施的有效性。这项政策是否有效且不论，由于5年多的资金供应，高达4000000亿日元的资金流入了金融机构。

　　然而，日本国内消费和设备投资并未增加，银行也在努力寻找新的贷款客户。因为银行贷款的资金主要来自客户的存款，所以银行不能承担过度的风险。目前需要大笔资金的企业大多经营状况不佳，所以银行想放贷也确实放不出来。

结果，银行只能把日本央行为购买国债而转入活期存款账户的资金，原封不动地放在账上。金融行业将央行账户上沉淀的资金称为"沉淀准备金"，而银行做的生意是要把钱贷出去，让资金闲置就会导致利润下降。事实上，银行正因担心利润下滑而处于前所未有的裁员局面，经营状况极度恶化。在这种情况下，银行唯一可以放心放贷的对象就是东京市中心的房地产项目。一部分量化宽松措施带来的资金涌向了市中心的房地产开发，这是导致市中心建设热潮的原因。

那么，如此过度地建设写字楼，有没有什么坏处呢？经常被人指出的一个坏处是建设热潮后的空置风险，但对于银行巨头和大型楼宇的业主来说，这种风险很低。这是因为业主在大型楼宇竣工后，为了避免空置风险，降低一点租金，就可以从周围规格较低的楼宇中抢夺租户。尽管较低的租金可能无法带来很大的利润，但新建楼宇作为不动产，非常符合贷款条件。换句话说，银行的坏账风险几乎为零，所以这些房地产项目就成了银行努力放贷的对象。

　　那么，被新建大型楼宇抢走租户的中型楼宇的业主会怎么办呢？可想而知，他们会从周边地区的小型楼宇中抢夺租户。结果就会引发租户争夺的多米诺骨牌效应，最终的苦果转移到了竞争力最差的小型楼宇的业主身上。

● 支付房地产开发费用的对象实际是劳动者

由于房地产的商业周期较长，供需失衡需要一段时间才能体现出来。能坚持多久取决于业主的实力，所以供过于求的影响尚需时日才能清晰显现。房地产不能超过实际需求，这也是事实。如果超出需求继续建设，社会的某一个方面必然出现一些不良后果，笔者认为最终为此埋单的极有可能是劳动者。

从经济学的角度来看，如果拆掉一座仍然可以使用的建筑并建造一座新的，或者建造一座超过实际需求的建筑，实际产生的折旧就会超过原本的折旧（在宏观经济中称为固定资产折旧）。

工人的工资和投资者的分红都来自公司获得的增加值扣

除折旧后的剩余利润。如果仅考虑开发项目本身，确实可以通过拆旧建新来扩大利润。但是，正如前文解释的，如果开发的房地产规模超出需求，则必然会出现损失利润的一方（如前述小型楼宇的业主）。如果我们将经济作为一个整体来考虑，则一定有某个地方要承受过度的折旧。从宏观角度来看，最终为这一折旧负责的很可能是劳动者。

随着安倍政府将日本的公共养老金从传统的政府债券投资转向股权投资，公共养老金成为日本股票主板市场四分之一上市公司的大股东。鉴于养老金财政吃紧，如果企业不分红，那么养老金支付就会受阻。因而对企业而言，除了分红，没有其他可选项。

当这种情况发生时，企业要分红就必须创造利润，最直接的方式就是降低工人的工资，所以最终为过度建设的基础设施埋单的就成了普通劳动者。但是，这样的机制很难从表面看出来，所以很多人意识不到其中的玄机。除非经济增长足以弥补增加的供给，否则很可能会给劳动者的生活带来压力，而这当然也是影响劳动生产率的重要负面因素。

第4章
日本如何才能重新变得富有

● 做一家平平无奇的普通企业吧

正如我们所看到的，日本企业的特点是劳动力过剩，且劳动力成本负担过重，由此陷入劳动生产率低下、工人工资不见上涨的恶性循环。

为了防止经济继续下滑，让日本人过上更加富裕的生活，我们必须提高企业经营的效率，同时转向更能赢利的商业模式。

那么日本企业怎样才能赚更多的钱呢？如果日本也能诞生像谷歌和苹果这样的企业，那自然求之不得。但现实问题是，打造这样的企业不可能一蹴而就。除了长期战略之外，我们还需要在短期和中期层面做出更现实的努力。

虽然社会的关注点都集中在独创想法和突破性技术上，

但现实情况是，想要孕育出能够毕其功于一役的创新，可能性非常低。相反，最快捷的途径是参考那些切实取得成果的实例，即使它们显得平平无奇。在这一点上，笔者注意到的企业是索尼和夏普。

索尼曾经有过巨额亏损等业务危机，但一波三折之后又重新焕发生机，营业收入创下历史新高，并稳步转向赢利结构。至于夏普，由于设备投资过度，一度濒临破产，但在外资的保护下，实现了辉煌的复兴。

这两家企业的共同点是都勇于做一家平平无奇的普通企业。企业不应过分追求理想，而应始终坚守商业的根本。这两家企业正是通过贯彻执行这一原则，才走上了逆袭之路。

索尼在截至2011年3月的财年和截至2012年3月的财年分别出现了2612亿日元和4550亿日元的巨额赤字，一度传出经营危机。1999年出任该公司首席执行官的出井伸之致力于大力推进其商业模式的信息技术化，一度寻求类似现在苹果公司的商业模式，但最后一无所获，抱憾离任。2005年接任首席执行官一职的霍华德·斯金格（Howard Stringer）试图重振电气事业部并扩大内容事业部，但始终未能取得成果，公司经营业绩在此期间也眼看着不断恶化。在出现巨额亏损后，作为斯金格的继任者，被委以复兴索尼之重任的是平井一夫。但平井一夫上任第二年就陷入了连续亏损1000亿日元的窘境，情况更加严峻。

索尼一直擅长大胆的战略，致力于开发随身听等能抓住消费者的超人气产品，并借此扩大业绩。一旦有一个重磅产品问世，即使浪费了一些开发成本，也很容易收回来。说得直白点，就算花钱如流水，只要推出一个爆款产品，就能财源滚滚。这就是索尼以前的价值观。

一开始，大家对平井一夫寄予厚望，媒体反复追问："引爆索尼复活的将会是什么产品？"平井一夫出身于索尼音乐娱乐公司，为人温和，看上去的确有索尼总裁的气质，这或许引起了周围人更大的期待。然而，一直处于巨额亏损状态的索尼公司已经没有实力采取与过去相同的战略，平井一夫开发下一代随身听的战略很快就陷入了困境。直到此后，表面上给人轻松印象的平井一夫才展示出经营者的能力。平井一夫选中了出身于管理部门、当时担任中国台湾硕网网络娱乐股份有限公司（So-net Entertainment Taiwan，现索尼通信网络）总裁的吉田宪一郎（现索尼首席执行官）。平井一夫并于2013年将吉田宪一郎提拔为执行董事，2015年吉田宪一郎升为副总裁。被认为已经脱离主线的吉田宪一郎之所以被拉回来，是因为他被称作"数字鬼才"。平井一夫将以VAIO品牌而闻名的个人电脑业务出售给了基金公司，并将电视部门拆分为独立公司，大力推进了业务的精简化。随着吉田宪一郎全面参与管理，索尼的业务重组得以进一步加速。

除了业务调整，平井一夫还坚决执行了资产的出售。他通过出售纽约麦迪逊大道的索尼大厦以及大崎索尼城等优质物业来筹集资金，而这些物业都曾是索尼公司的象征。与此同时，平井一夫大举进行裁员，最终员工人数减少了近 2 万人。对于继续开展的业务，平井一夫也都实行了数字详查，确保所有项目都能赢利。

起初，这些举措并没那么容易体现在业绩的数字上，但从2016年起，其效果逐渐显现，经营业绩开始好转。当索尼取得了刷新历史新高的利润后，平井一夫功成身退，吉田宪一郎随后继任首席执行官至今。

索尼在进入所谓"平井-吉田体制"之后，并没有做任何特别的事情。这样一家拥有强大业务基础的公司，只需仔细检查现有业务并消除浪费，就可以产生可观的利润。反过来说，这也可以看作一家自满于自己品牌的公司如何在成本控制上变得如此混乱不堪。很多企业只需要通过稳步实施裁员、业务调整以及成本核算等理所当然的做法，就可以东山再起。

这个话题也适用于夏普。它在经营危机中成为中国台湾鸿海精密工业股份有限公司（富士康科技集团母公司）旗下子公司，并实现了辉煌的复兴。

夏普原本是一家为消费者提供家电产品的电器制造商。但是从2000年左右开始，夏普全面转向液晶设备业务，并大幅扩大了液晶设备相关生产线。然而，由于液晶显示器价格暴跌，该公司无法承受巨大的设备投资负担，从截至2012年3月的财年开始，连续出现巨额亏损。在截至2015年3月的财年中，累计亏损达到近10000亿日元，深陷经营危机。最后关头，夏普被以代工生产苹果手机（iPhone）闻名的富士康收购。2016年夏天，富士康派公司高管戴正吴进入夏普，着手进行业务重组。

戴正吴行事雷厉风行，当年8月的盂兰盆节假期前刚被任命为总裁，到假期结束时就宣布了新的经营基本方针。戴正吴进入夏普后，夏普的经营业绩迅速恢复，在其就任总裁6个月后的2017年3月，就已经实现了经常账户盈余。2017年4—6月最终实现了扭亏为盈，并且仅用了一年零四个月就成功重返东京证券交易所第一部。此外，在此期间，夏普员工的工资（包括奖金）提高了17%。这简直就是100分的满分逆袭！但戴正吴并没有使出什么特别的招数。事实就是，他只是做了作为企业经营者应该做的事情。

戴正吴做的第一件事就是调整夏普与商业伙伴之间不合理的合同。当时的夏普为了确保原材料的优先供应，签订了很多高价的长期合同，因此造成了利润的恶化。夏普由于实施了过剩的设备投资，中途无法回头，为了确保原材料供应，于是签订不利的合同，导致利润进一步恶化，进而陷入恶性循环。戴正吴通过与每一个商业伙伴单独谈判，变更合同内容，转瞬间就增加了利润。

原本从客户那里购买产品是为了确保原材料供应，但有些买方认为，如果以高价购买，对方必然喜出望外，笑脸相迎。在交易过程中，他们会给出所有的赞美之词，例如"贵公司具有很强的决断力"。这样，买方可能会有一种成为大人物的感觉。但这种采购方式会像毒品一样，渐渐麻痹买方的经营意识。如果一家企业丢掉了连便宜一日元都要争取的"贪心"，结局总是一样的，夏普也不例外。

夏普对成本的忽视，即使是只坐在总裁办公室的椅子上，检查报批的文件，也能知其一二。据戴正吴称，其中有一个案例是在更新信息系统时，签订了20年的长期合同，为使用通用机器（大型主机）的旧系统支付了高达30亿日元的费用。

戴正吴所采取的措施只是作为一个经营者非常初级的操作。夏普的管理层拥有很多高学历的人，他们不可能不了解情况，但实际的经营却杂乱无章。

笔者认为，正是管理层无谓的虚荣和骄傲，毁掉了夏普的经营。夏普原本是一家擅长生产创意产品的制造商，这是这家企业吸引力和竞争力的源泉。夏普的业务飞跃始于早川式自动铅（即自动铅笔），净离子群技术系列产品也是其独特的主打产品之一。然而，在21世纪初，夏普一心向往"厚重长大"产业（相对于"轻薄短小"），不顾赢利能力，在液晶显示器业务上进行了过度的投资。管理层很有可能优先考虑的是如何从创业家转变为工薪阶层，以及在商界的地位等毫无意义的自尊，可以说那些离谱的合同正是源于这样的背景。

　　索尼和夏普原本都拥有强大的业务基础，通过回归业务的基础，就轻松恢复了经营业绩。日本企业需要的是面对现实的勇气，以及以应有的方式做应做之事的坚强意志。

● 尽可能减少通勤时间

　　除了长时间工作，另一个给日本商业环境带来主要负面影响的是乘坐满员电车的长距离通勤。花在通勤上的时间就是成本，不言而喻，通勤时间越长，劳动生产率就越低。

　　在某种程度上，如果车上不那么拥挤，或许你可以看看书或者听听音乐。但在塞满人的车上就没办法那么随心所欲了。即使你在车上能做点什么，也不可能超过缩短通勤时间带来的好处。

　　如果将日本人的通勤时间换算为成本，那将是一个惊人的数额。根据日本内阁府编制的报告，以通勤成本最高的东京为例，每人每年在通勤上的花费为100.4万日元。这个数额并非由直接计算通勤交通费得到，而是用平均通勤时间乘以时薪，再加上额外的住房成本（租金高出其他地区的额外费用）计算出来的，所以这个数额只是一个理论值。

　　如果我们缩短通勤时间，就可以将这个时间花在其他活动上，从而可以赚更多的钱。从宏观经济的角度来看，通勤可以被视为一种机会损失，除非通勤带来的结果超过这个数额。

　　顺便说一下，根据日本总务省的一项调查，东京的平均通勤时间为1小时34分钟。但众所周知，不只在东京，日本人的通勤时间在全世界都算是超长的。根据经合组织的一项调查，日本人的平均通勤时间几乎是美国人和英国人的两倍。

　　日本人的工作时间长，加上通勤时间又这么长，所以不得不牺牲个人生活时间，而睡眠时间受到的影响最大。日本人的平均睡眠时间为7.7小时，远低于发达国家的平均水平。美国人为8.8小时，法国人为8.5小时，意大利人为8.3小时，均超过8小时。根据日本厚生劳动省的一项调查，39.5%的日本人每天睡眠不足6小时，这一比例与2007年相比有显著增加。此外，与其他国家相比，日本人与家人相处的时间极短。由此可见，我们所有的私生活都被牺牲了。

　　日本人在公司长时间工作，下班后长距离通勤，紧接着是时间很短的睡眠，在这样的状态下，几乎没有理由能把工作干好。有人说日本国土狭窄、人口密度高，上述情况也是迫不得已的，但这也只是刻板印象而已。虽说可能因为计算方法的不同存在一定差异，但东京的人口密度与其他国家相比，并不是特别高。

计算人口密度的范围不同，结果会有很大差异。但大多数计算出东京人口密度高的情况，基本都是按照行政区划或者加上周边城市进行比较。如果把东京市中心和伦敦市中心、曼哈顿以及巴黎市中心等中心城区相比，东京的人口密度只有巴黎和纽约的一半。其实巴黎和纽约的市中心也生活着很多市民，但东京市中心的夜晚，除了部分地区外，其余地区像鬼城一样空无一人。

对比其他国家的例子，你会发现通勤时间长并不是人口密度的问题。那么为什么日本会形成这样的生活方式呢？种种原因虽难以一言以蔽之，但毫无疑问，受日本住宅用地的开发方式影响很大。

日本在昭和时代还很穷，从整体经济看，人们负担不起在市区盖楼的钱。于是，人们不得不把住宅用地开发放在成本低很多的郊区，进而就形成了从郊区的家里搭乘电车长途通勤的生活方式。当生活水平有所改善时，原本应该改变住房政策，但日本忽视了这一点，所以在城市地区的住房建设方面一直没有取得任何进展。这就是日本人通勤时间变长的最大原因。但笔者认为，这个话题和那些进入了繁荣时代却未能改变其商业模式的日本公司有关。

我们不能对已经建造好的房子做任何事情，但可以通过扩大居家办公和采用弹性工作时间来最大限度地减少通勤时间。从长远来看，我们有必要推动城镇租赁住房的发展，使人口向城镇集中。如果能够实现这一点，劳动生产率应该会大幅提高。

● 应该更加重视精神

日本公司失去竞争力不仅仅是管理层的责任，日本的商务人士对工作的态度和动力也可能对其有很大的影响。当说到这种精神方面的事情时，经常会有人说"我不想听精神理论"，但既然经济是人类行为的集大成者，精神又和经济密切相关，我们就不能忽视这一方面。

从许多统计数据中可以清楚地看出，日本的物质富裕程度正在迅速降低。而实际上，日本人的精神层面也越来越"贫困"，调查结果显示，在亚洲商务人士中，日本人面对工作的态度最为消极。

日本民间智库PERSOL综合研究所开展了相关的国际比较调查，其结果令人吃惊。在亚太地区的商务人士中，"想

在现在的公司里晋升为管理职位"的日本人比例为21.4％，在
14个国家或地区中列最末位（见图4-1）。对于"是否想在公
司获得职业发展"等类似问题的回答，日本的排名也最低。

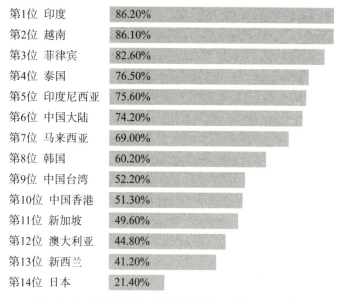

第1位 印度　　　　86.20%
第2位 越南　　　　86.10%
第3位 菲律宾　　　82.60%
第4位 泰国　　　　76.50%
第5位 印度尼西亚　75.60%
第6位 中国大陆　　74.20%
第7位 马来西亚　　69.00%
第8位 韩国　　　　60.20%
第9位 中国台湾　　52.20%
第10位 中国香港　 51.30%
第11位 新加坡　　 49.60%
第12位 澳大利亚　 44.80%
第13位 新西兰　　 41.20%
第14位 日本　　　 21.40%

图4-1　想在现在的公司里晋升为管理职位的受访者情况

資料来源：PESOL综合研究所"亚太地区就业状况及发展动机调
查（2019）"。

　　此类职业发展动机的调查显示的趋势通常是，越是在富
裕的发达国家和地区，员工的职业发展动机越弱；而越是在

贫穷的发展中国家和地区，员工的职业发展动机越强。事实上，在本次调查中，排在日本之前的，分别是新西兰、澳大利亚、新加坡、中国香港等发达国家和地区。

然而，值得注意的不仅仅是排名，还有数值。新西兰虽然也是排名较低的国家，"想晋升成为管理职位"的受访者比例仅排在日本之上，但也有41.2％的人想要晋升为管理职位，是日本的两倍。也就是说，日本除了排名最低，数值也极少。也就是说，日本人的"不求上进"到了异乎寻常的地步。

不仅如此，在多样性方面，调查结果也惨不忍睹。关于"不抗拒上司是女性""不抗拒和外国人一起工作""不抗拒上司比自己年轻"这些问题，做出肯定回答的日本人也排在倒数第一或倒数第二。

此外，日本人想继续在现在的公司工作的人比例最低，想换工作的人以及想独立创业的人比例也最低。另外，当被问及想工作到多少岁时，日本人回答的平均年龄为63.2岁，只有在这一项上，日本人遥遥领先。

让我们汇总一下上述一系列结果。日本人对工作不积极，职业发展动力极低，但是（男性）既不喜欢在比自己年轻的上司或女性上司的手下工作，也不希望继续在现在的公司工作。不过，他们既无意换工作，也没有独立创业的想法。此外，即使他们年纪大了也想继续工作。

这应该被视为一种相当严重的情况。日本人虽然不想留在公司，但也非常不想换工作，这样的状态是自我放任（Self-neglect）；又因为工资低，前途渺茫，所以即使老了也不得不工作。日本的职场环境比我们想象的要恶劣得多。

这样的趋势不仅仅只在该调查中得以体现。运营商业交流网站的美国领英（LinkedIn）针对亚太地区9个国家实施了一项"领英机会信心指数调研"（Opportunity Index），其结果也非常类似。在该调研中，关于"是否有信心在工作中获取机会并实现目标"的问题，日本受访者的情况排在末位。而且，和前一项调查一样，日本不仅排名垫底，而且与上一位国家的分差最大，即使在靠后的国家中得分也明显偏低。

根据联合国编制的《世界幸福指数报告》，日本的幸福指数在156个国家（地区）中排名第54，在7个发达国家中排名最低。

在这些调查中，即使考虑到日本人自我评价偏低的因素，当下的情况无疑也应当引起我们的重视。许多调查都得出了这样的结果，日本人的这种倾向必然会对日本的经济实力产生负面影响。

日本人抑郁的比例是美国人的3倍，而且大部分原因是工作压力。所以可想而知，日本人所处的环境，尤其是工作环境一定存在某些问题。制度层面的解决方案固然重要，但也需要转变一下自己的价值观。

前段时间，笔者在某博客上看到了一篇有趣的文章。

我在美国的一家店里说想要买某一款产品，但是这家店没货了。我以前听说，美国的店员会嚼着口香糖，托着腮，丝毫没有工作热情。但出人意料的是，这位店员搜索了好几次产品，发现没有之后，又去后面的仓库里找，但也没找到。以防万一，他又去仓库找了一遍。

当我回到日本，在日本的一家店里说想要这款产品时，一个像机器人一样、出口就是完美话术的日本店员深深给我鞠了一躬，说："非常抱歉，我听不明白。"一句话就把我打发了。

　　这虽然只是客户服务的问题，但笔者认为在这一点上清楚地体现了日本和美国的店员对待工作的基本价值观差异。不用多说大家也能看出来，哪一个是对待工作更认真的职业人士。作为经济评论员，笔者并不想过多地探讨精神方面的话题。但不可否认的是，我们的处境会随着心态而变化，在给出单独的处方和对策之前，我们自己需要更加积极地对待工作。

● 创建一生跳槽两次的社会

日本企业氛围低迷、无法产生高绩效的根本原因之一，可能是日本特有的以终身雇佣制为代表的雇佣制度。长期以来，日本社会一直回避讨论这个问题，但现在已经到了必须讨论的临界点。

现如今，大公司的雇佣问题在日本已经成为一个不可触及的禁区。虽然实力较弱的中小企业，实际无法保障长期雇佣的情况比比皆是，但对于大公司来说，终身雇佣问题仍是高层管理人员的禁忌话题。

小泉政府曾一度试图以正式员工的雇佣问题作为结构改革的主体，果断采取措施，但结构改革却反而因此受挫，所以这个问题变成了各届政府都不想触及的话题。

　　然而，这种情况近几年发生了一些变化。2019年4月，日本经济团体联合会（以下简称"经团联"）主席中西宏明表示："企业很难继续实行终身雇佣制。"并表示将重新审视雇佣方式。由于此后他又在新闻发布会上深入表达了他的观点，所以很明显，这不是他一时兴起的发言。继中西宏明之后，丰田汽车公司总裁丰田章男也发表声明，建议重新考虑终身雇佣制。经团联的主席以及日本头部公司的高层管理人员相继提到终身雇佣制的调整，说明问题已经非常严重了。

　　在本书中，笔者指出日本企业实际上处于劳动力过剩的负担之下，且这种负担正在挤压利润。前面两位之所以开始触碰终身雇佣制的敏感话题，就是因为劳动力成本压力真的已经开始影响经营，而许多公司已经不堪重负。

　　可能有很多人认为终身雇佣制是日本的传统，但事实并非如此。终身雇佣制和总包、分包的多层次产业结构并不是日本的传统，而是在第二次世界大战期间实施《国家总动员法》的同时被强行引入的。而在战前的日本社会，换工作是家常便饭，分包商也很不留情面，如果条件不好，也会立即更换商业伙伴。由于集体主义的战时体制与战后大规模生产相互匹配，所以到战后，这样的制度得以维持不变（经济学家野口悠纪雄在谈到这一系列机制时，将其称为1940年体制）。

为应对人口老龄化和公共养老金财务状况恶化，日本政府计划将目前企业的雇佣义务延长至65—70岁，并转向事实上的终身雇佣。从表面上看，似乎只是维持终身雇佣制，但笔者认为这样很可能会产生相反的效果。

日本企业对延长退休年龄有很强的危机感，他们正在着手加强所谓的职位退休操作。即让那些达到一定年龄但不在重要职位上的员工，全部退出管理岗位。而员工退休后再就业，似乎很多情况下工资都大幅下降。

即使员工退休后被同一家公司返聘，在某些情况下，也可能会成为集团内派遣公司的员工，并被派遣到完全不同的公司。出现这种情况时，虽然员工名义上还在为同一家公司工作，但实际上与换工作没什么区别。这样的情况真的合理吗？

跳槽的机制具有顺应时代变迁、将合适的人才安置到合适的位置，进而激活创新的作用。试想一下，同样的人在同一个工作场所面对面工作了几十年，又怎么能冒出一个又一个创新的想法呢？这种可能性几乎为零吧。

笔者还是工薪族的时候换过一次工作，之后创业后又换过两次工作，总共干过四个工作。换工作的影响是巨大的，有很多事情可以让笔者在新的工作场所重新用到在以前的工作中学到的技能。最重要的是，笔者可以拓宽知识面，获得更多的商业知识。另外，工作的内容和交往的人会定期发生变化，这在精神上也会带来非常大的刺激。

如果固执地坚持终身雇佣制，那么这些效果都将被牺牲，这对整个日本社会将是极其不利的。而延长雇佣义务会迫使公司内部出现事实上的工作变动，这对于整个劳动力市场来说是极其低效的。如果企业从外部招人，可能会找到最合适的人才。而如果劳动力只能在企业内部或者集团内部流动，无法实现社会整体的适材适所。

当今的日本存在前所未有的劳动力短缺问题，因此即使人员流动就业，也不太可能找不到工作。笔者认为，我们应该更积极地看待跳槽问题，而不是勉强保留一个已经难以为继的制度。如果很多人在一生中多次跳到不同的公司，整个社会的职场氛围将发生巨大变化，多种知识的融合会催生新的想法，也一定会激发创新。

● 实现现有优势的价值最大化

前文中举了索尼和夏普的例子。就制造业而言，一直是发展中国家赶超发达国家，而以制造业见长的发达国家将其地位交给发展中国家。日本也经历过这样的过程。

像德国那样，举全国之力专注于高附加值制造业发展的情况，则是另一回事。但如果永远依赖制造业，就无法继续作为发达国家享受富裕的生活。许多发达国家正在利用其资本积累为现有产业赋予高附加值，大力发展成熟型业务。

日本虽然不及欧美国家，但与其他亚洲国家相比，有着丰富的资本积累，可以想办法发展很多成熟型业务。然而，日本国内对这方面关注度较低，许多资产没有得到充分利用。

城市景观是发达国家和发展中国家之间最直观的区别。由于发展中国家没有城市建设的积淀，所以随着经济的增长，会建造许多崭新的建筑。新建的摩天大楼鳞次栉比的景色虽然很壮观，但总感觉有些单薄。另外，发达国家作为现代国家都有一定的城市建设历史，因此会有旧建筑与新建筑同时存在，营造出独特的和谐氛围。纽约至今仍有新建筑在陆续建造，而像伍尔沃斯大厦这样建于100多年前的建筑也仍在使用中，新旧建筑之间非常和谐。

在主要发达国家中，日本较晚取得经济发展，但它仍然有明治时代以来的文化和资本积累。东京等日本的大城市都有一种亚洲国家没有的氛围。在高度发达的资本主义社会中，城市景观等看似与金钱无关的事物，如果加以有效利用，就会成为具有极高价值的生产资本。换言之，城市景观是宝贵的资产和利润的源泉。因此，在经过反复讨论后重新开发城市时，需要考虑高度的战略性。

在其他国家，通过付出成本，在保留历史景观的同时推进城市开发的案例并不少见。日本也应该好好利用这样的城市景观，实现亚洲国家所没有的高附加值。但近几年，日本这样的城市景观即将消失。

笔者在前文提到过，日本的大都市圈正在进行过度的建筑施工。为了优先建设大楼，容积率的规定正在陆续放宽。而在东京市中心，越来越多与周围景观不协调的高楼拔地而起，显得杂乱无章。曾经制定了严格规定并保持了美丽城市景观的京都市，也终于开始取消建筑高度限制。让我们来看看京都的例子。

从昭和30年代（1955年前后）开始，京都就制定了景观条例，对户外广告、美化区域的设置和建筑物的高度进行了限制。2007年，京都还颁布了新的景观条例，对建筑提出了更为严格的规定。京都的城市景观与所谓的寺庙神社等文化遗产并没有直接关系，但京都的大街，即使是楼宇街道，也仍然保持着古城典型的平静景观。毫无疑问，这种做法让寺庙神社等文化遗产的价值得以倍增。

然而，近几年京都的人口数量一直在下降，并且不断向其他地方快速迁移，于是人们越来越担心城市的衰落。为此，京都已经开始考虑放松景观法规，以促进办公楼的建设。

　　京都是日本的主要旅游城市之一，以风景优美的街景闻名于世，因此关于放松管制的讨论成为全日本的热门话题，但日本全国各地的城市景观已经在发生变化。曾几何时，即使在东京，以丸之内为代表的各个地区，不但建筑高度整齐划一，而且保持了美丽的风景。但为了提升经济景气度，东京大幅放宽容积率限制，忽视原有地势的利用，而纯粹以效率为先的建筑施工层出不穷。除此之外，有些具有高文化价值的建筑物，也正在以相当快的速度被拆除。

　　位于东京都港区赤坂的新大谷饭店对面，现在正在建造东京花园露台纪尾井町的地方，曾经是赤坂王子酒店。该酒店的新楼由世界著名建筑师丹下健三设计，虽然是一座具有极高文化价值的建筑，楼龄29年，但也轻易被拆除了。此举令有关人士大为震惊。

　　丹下健三先生充分利用护城河附近的地形和高度差，精心设计，使现代建筑与江户时代的氛围相得益彰。丹下健三先生设计的这座可以用100年的建筑被拆除后，另一座充分利用建筑用地的摩天办公楼拔地而起。

　　被称为日本现代主义建筑杰作的东京大仓酒店主楼也有

同样的遭遇。大仓酒店于2014年5月宣布了改建摩天大楼的计划，之后旧主楼被拆除。旧主楼的拆除，遭到了其他国家文化界人士的齐声反对。《华盛顿邮报》等国际主要媒体也有报道，但该计划仍得以如期推进。

除了建筑本身的价值，大仓酒店还因其土地的由来和结合地形的设计而具有作为景观的高价值。大仓酒店的地基是一座可以俯瞰四周的小山丘，因而让酒店有一种与周边环境隔绝之感；又因为毗邻美国大使馆，从而营造出一种独特的氛围。然而，经过改建后，它变成了一座拥有办公区、酒店和商业设施的极为普通的摩天大楼。

谈到这种重建，总会出现一些"想当然"的意见，例如"日本是地震多发国家，所以不得已而为之"或者"不更新建筑物就无法实现经济增长"等。

日本确实地震多发，很多老建筑抗震能力弱也是事实。但考虑到有些建筑经过抗震改造后可以继续使用，所以笔者认为，因为日本是地震多发国家就不允许老建筑的存在，这是一种怠于思考的行为。即使在地震多发情况堪比日本的地区，例如美国西海岸，也都还有许多古老的建筑。问题的关键在于兼顾成本和技术，这理应有足够的讨论空间，特别是日本提出要"技术立国"，就更应该做到这种兼顾。

老建筑在经济上没有竞争力的事实只是硬件问题。在现代社会，软件层面的力量不容忽视。而在发达国家，提高软件层面的附加值则更具有经济上的优势。

纽约华尔道夫酒店是纽约著名的超豪华酒店，2014年被希尔顿集团卖给了一家中国企业。该酒店是美国最具代表性的酒店之一，但客房空间比新酒店小，确实给人一种老化的感觉。但是，希尔顿集团并没有重建它，而是选择以19.5亿美元（当时约合2300亿日元）的巨额价格将其出售给一家中国企业，并签定了长期的业务运营委托合同。这家中国企业有义务保持酒店的美观，甚至要支付成本进行大规模修缮。此次出售的方案对卖家而言具有压倒性优势，使其既获得了高收益，又保护了文化遗产的价值。

这个案例如实反映出，经济繁荣的新兴经济体即使付出昂贵的代价也想要获得具有高文化价值的东西。希尔顿集团之所以能够做出这个决定，是因为其管理层能够彻底摆脱自己传统的酒店经营方式，建立更加与时俱进的经营体制。然而，运营大仓酒店的大仓饭店集团却未能转变其经营体制，而原本可以作为集团象征的大仓酒店的土地（这块土地曾是大仓财阀创始人大仓喜八郎的宅邸遗迹）没有得到充分利用，同时全公司的利润也因此受损。最后，由于未能顺应时代、转变经营方式，导致这座具有高文化价值的建筑物被拆除。

与此同时，有一个改造项目正在伦敦进行。该项目旨在对泰晤士河畔废弃的旧发电厂进行翻新，并将其重新用作大型办公室或住宅。这里到处都保留着当时作为发电厂运行的情况，美国的苹果公司正计划在曾是锅炉房的地方设立英国总部。由于建筑物的保护问题，开发迟迟难以推进，但在马来西亚投资者的资助下，该项目即将实现目标。

发达国家即使已经开始没落，也可以想办法做这种"好"生意，既可以保护文化遗产，也可以追求经济效益。这是发达国家最大的特权，日本也有这样的资产，虽然没有西方那么多。在日本，相比在单方面放宽容积率限制并且破坏景观的情况下盖一座新楼，制订一个收益更大的方案也并非不可能，我们需要的是想出这个方案的智慧。

● 市场的问题问市场

日本人口正在不断减少，如果不采取任何措施，零售和餐饮等消费市场将进一步萎缩。从这个意义上说，提高外国游客的入境旅游需求具有重要意义。

前面笔者解释过，发达国家有文化资产，可以想办法大量变现，而这个话题也与入境业务直接相关。政府设定了访日游客的目标，外国游客人数较之前有了大幅增加。但考虑到日本的经济和社会环境，外国游客的实际人数仍然很少。如果不采取能够充分发挥成熟国家吸引力优势的战略措施，就会只有那些想买便宜货的外国游客才会来旅游，由此带来的弊端将更大。

日本既拥有世界上最大的城市之一东京，又有着悠久的历史和传统，所以按理说应该有更多的外国人来旅游。反观只是亚洲小国的泰国，到访曼谷的外国游客是东京的两倍。考虑到这样的现实，应该认为日本的入境旅游问题存在很大的挑战。

都说日本擅于款待，但这只不过是日本人给自己的一种自我评价。在商业上，没有什么比根据自我评价来决定战略更危险的了，而日式款待中就暗藏这样的危险。

正如已经被很多人反复指出的，笔者认为日本的旅馆在这方面面临着很多挑战。日本的旅馆通常采用一宿两餐的收费制度，食宿不分开，这是为短期逗留的日本游客准备的。而来自国外的住客可能会在深夜或清晨抵达，并且根据出发地不同可能会有时差。如果吃饭或不吃饭都要付钱，而且吃饭的时间是固定的，住客就很有可能不选择吃饭。显而易见，它不符合长期入住的旅客需求。

设想一下自己是一个去日本旅游的外国人，如果当地旅馆的价格是包含餐费的，而且用餐时间不自由，并且自己抵达当地后时差还没倒过来，在这种情况下，你会积极选择这样的住宿设施吗？笔者是不会选的。而且以日式旅馆为例，所有给外国人的餐点都是当地菜（日本料理），床上用品也是被褥，几乎都是原样的当地风格（日式）。

在这一点上，我们换位思考一下也很容易想明白。吃地道的当地美食固然是一种很好的体验，但老实说，还不怎么吃得惯的饭菜连续吃上好几天的感觉并不好。如果你是日本人，你当然会想吃米饭、荞麦面、拉面等。外国人也一样，他们有他们想吃的东西，如果连续几天被迫吃日本料理，就会很想吃平常一直吃的东西，这既不是任性也不是矫情。就日本旅馆而言，床上用品和配套设施也有这样的问题。比如我们到非洲等不同的文化圈旅游，会不会特意挑选食物、床上用品都是当地风格的设施呢？如果是对当地文化有浓厚兴趣的人则另当别论，一般人在度假旅游的时候，还是会选择典型的酒店式设施。如果我们是这样，那么其他国家的人也是这样。他们到了日本，并不会全部选择本地风格，也无法完全融入异国文化。在这方面，日本的旅馆肯定与外国人的需求相去甚远。

若这样的定价体系基于明确策略而提出，即仅限于特别喜欢日式住宿的客户和逗留两天一晚的日本客户，那倒也无可厚非。但是，从关于入境游客需求的讨论来看，比如"如何吸引长期逗留的外国人"，似乎日本旅馆并不打算选择客户，而是希望有大量的外国人入住。如果是这样，他们的想法和实际做的事情是相互矛盾的。

做生意最重要的是倾听客户的意见，而不是将自己的做法强加于人。服务提供者的想法与客户的想法之间必然存在差距，因此倾听客户的声音是第一要务。

很多人都知道东京的筑地市场对外国人来说是一个非常有吸引力的地方，但谁能想到筑地市场会成为一个巨大的旅游胜地呢？对于日本人来说，满地滚来滚去的金枪鱼不足为奇，但外国人一看到就欢呼雀跃。这些需求是我们自己无法理解的。北海道的二世谷现在是外国人的旅游胜地，街道上到处都是英文招牌。移居二世谷的外国人越来越多，面向外国人的基础设施也非常丰富，即使根本不会说日语的人，生活也不会遇到任何麻烦。虽然二世谷确实曾是一个著名的滑雪胜地，但很少有日本人会认为它有足以吸引世界各地滑雪者的魅力。据说二世谷的粉雪对真正的滑雪者来说具有难以置信的吸引力，这也是通过口口相传，在世界各地广为人知的。

在中国大连，一座模仿京都风情的大型度假酒店正在规划中。分开出售的别墅标价上亿日元，据说还卖疯了。如果主打京都风情的度假山庄在中国很受欢迎，那么在日本建设类似的设施也肯定会吸引大量客户，而这个想法也是日本人想不到的。

这样的案例还有很多，所以如果我们能倾听客户的声音，就可以随心所欲地扩大商机。

● 日本要阻止进一步倒退

笔者想把本书所讨论的内容做以下总结。

日本企业基本处于劳动力过剩状态，组织的新陈代谢停滞不前，因而阻碍了创新。20世纪90年代，日本迎来了从发展中国家经济向发达国家经济转型的契机，但受到僵化的企业组织影响，未能实现产业结构转型。制造业领域总是反复上演发展中国家追赶发达国家的历史，这条规律是不可违背的。

本来，日本企业应该像如今的苹果和谷歌一样，转向提供极高附加值的业务，但由于继续保持传统的体系，最终陷入与中韩两国的成本竞争，导致许多日本企业已经筋疲力尽。在此期间，中国取得了令人瞩目的增长。中国科技能力的提升超乎想象，在不久的将来，日本肯定会被中国赶超。除此之外，东南亚国家也在快速富裕起来，消费经济正在稳步增长。

众所周知，日本是一个适宜居住、生活便利的国家，但这已经不是什么特别的事情了。泰国首都曼谷现在也拥有所有便利的服务，所以在那里也可能过上比在日本更舒适的生活。

尽管日本曾经是一个发达国家，但一个沉沦的国家要重新崛起并非易事，正如我们从屡次债务违约和通货膨胀严重的阿根廷身上看到的那样。日本要想重获科技实力，成为能与中美抗衡的国家是极其困难的，我们必须以此事实为前提，讨论企业战略和国家政策。

那么，商业模式转型失败、已经产生制度性疲劳的日本应该怎么办呢？

笔者做了很长时间的咨询顾问，所以当遇到问题时，就会习惯性地梳理当前状况，并考虑必要的解决方案。顾问式的思维方式虽是解决问题的捷径，但也有一个缺点，就是缺乏远见，视野有限。但是，当情况严重时，重要的是先"止血"，并处理当下的问题，所以这种情况下顾问式思维非常有效。正如本书多次指出的，日本企业劳动力过剩、组织僵化，所以首先必须摆脱这种局面。

笔者同样多次强调的是，同样一群人长期从事同一份工作，也必然会墨守成规。日本需要激活员工跳槽机制，增加人才的流动性。如果人才不流动，就无法将具有必要能力的人才合理配置在需要的地方，从而必定会降低整个社会的劳动生产率。

日本已经进入超老龄化社会，人的一生中换一次或两次工作是理所当然的，日本员工需要这样做，否则就不会达到人才的平衡。

就经营而言，企业最好不要对自己的技术能力过于自信，而要像索尼、夏普那样，以普通公司定位自己，专注于创造稳定的利润。索尼已经裁员2万人，这对劳动力过剩的日本公司来说意义重大。

如果一家公司能以更少的人来完成同样的工作，而离开这家公司的人再去从事另一份工作，就必然可以相应地带来国内生产总值的增加。国内生产总值的增加意味着国民收入的增加，长期来看肯定会带动整个社会走向富裕。

随着员工人数的减少以及劳动生产率的上升，员工的工资也会增加，他们的支出也会随之增加，最终其他行业的员工工资也会增加。我们必须认识到，减员措施实际上是提高工资的第一步，那些失去工作的人可能会遇到暂时的困难。然而，在劳动力持续空前短缺的日本，几乎不可能找不到工作。而说到如何给暂时失业的人提供支持和关照，就应该轮到政府出场了。

前文中提到过，德国企业可以随时自由解聘员工，这也是德国企业保持灵活性的源泉。而被解聘的员工也能享受到失业保险和再就业支持计划等全方位的支持措施，从而能够确保顺利找到下一份工作。由于解聘员工相对简单，所以德国对企业经营者也制定了严格的规定，如果失去偿付能力超过一定时间，就会受到处罚。德国的做法非常合理，在认可企业经营者获得高报酬的同时，要求其必须做出成果；让员工在承担解雇风险的同时，又能享受到完备的支持措施。

笔者认为，政府平常不应干预企业活动，应在这种时候发挥其作用。而在日本，情况恰恰相反。政府日常中对企业活动的干预较多，发生问题时的支持措施却又不足。为了促进就业的流动性，我们应该毫不吝惜地在失业保险和技能提升的支持上投入更多的预算。

下一个重要任务，是认识到日本的优势并想办法充分利用它们。简而言之，日本拥有两大优势，一是丰富的资本积累，二是巨大的单一市场。

在大规模生产时代，日本借出口创汇获得原始资金，积累了大量的资本。如果日本就此衰落，这些资本会流向海外，但到目前为止，这样的情况还没有发生。可能是日常生活中对比不熟悉的缘故吧，很多人还没有意识到这一点的重要性。笔者认为我们必须了解拥有高额外汇储备有多么有利。

日本的经常账户收支中的所得收支已经大幅超过了贸易顺差，这说明日本是一个靠投资收益吃饭的国家。不管我们喜不喜欢，日本都需要继续提升投资能力。日本持有的外汇投资收益率并不高，因而需要采取措施改善这一点。

为了提升全球性投资的能力，日本社会需要对其他国家更加开放。很多人可能认为努力学习和操作投资就能提升自己的投资能力，但仅仅这样还不够。放眼其他国家，以投资见长的国家几乎无一例外都对外国人很开放，接受大批外国人才来到自己国家。说到投资，只有资金、策略和信息综合到一起才能发挥作用，因此在排他性的保守社会中永远不会成功。

　　日本要想在未来维持现有的生活水平，就需要有一定的智慧，对其他国家更加开放，并充分利用自己的资本优势。在这一点上，日本国内市场也是如此，因为很多人同样认识不到它的可贵之处。拥有一定生活水平、集中了说同种语言的1亿多消费者的市场，放眼整个世界，也是凤毛麟角。日本应该充分利用这个消费市场。坐拥1亿人的市场，无须强行向其他国家扩张，仅在国内市场就可以赚取足够的利润。而最重要的是，新的创意或业务应当不受阻碍。

　　在日本，人们对于新技术或者使用新技术的新服务，总有一种情感上的排斥倾向，这一点阻碍了新产业的发展。能够实现成长的国家，原则上是自由的，只有出现问题了才会加以管制。而日本则是原则上禁止，所以新兴产业得不到发展。

　　在日本，优步（Uber）这样的共享出行是被禁止的，很多无人机服务也都不允许。虽然笔者也认为一些新技术和服务确实可能带来某些害处，但我们可以先用用看，不行再叫停。

　　解决方法很简单，只要取消这些限制，企业活动就会变得更加活跃，也一定会陆续出现有吸引力的服务。消费很容易受到消费者心理的影响，即使消费者收入不变，但只要出现了有吸引力的产品或前途更加光明，消费就会立即扩大。

日本在失去的30年中损失了巨大的机会，但现在还来得及。笔者认为如果我们在以上这些方面积极采取措施，就很有可能阻止日本进一步倒退。

结　语

　　正如本书的书名所指出的，笔者认为日本已经陷入倒退之中，我们应该在此前提下构建企业战略和国家政策，但这种说法可能会让很多人感到不悦。然而，笔者之所以敢用"倒退"这个词，是因为人们普遍存在一种误解，认为"日本一直是一个富裕的发达国家"。而笔者强烈感受到，这种错误认知的蔓延，将会妨碍我们找出正确的解决方案。要想为日本开出正确的处方，我们必须正确了解现状。罔顾或者误解事实，都必然导致我们无法得出正确的结论。

　　近几年，日本被认为越来越保守。很多日本人将无谓地抨击外国或者无条件地赞美日本视为爱国，且这样的倾向日趋强烈。笔者认为，这样的行动不是爱国。如果我们真的爱日本，笔者认为就应该为了让日本成为既有名又有实的强大而繁荣的国家而努力。为此，即使是我们不喜欢的事实，大家也要勇于接受和面对。无论是"日本一直是一个富裕的发达国家"，还是"日本仍然是世界上最发达的国家之一"，这些价值观都是对现实的错误认识。笔者之所以用"倒退的日本"这个表达，也是想表达"我们应该觉醒"。

在本书中，笔者解释了日本的劳动生产率在过去50年中一直处于主要发达国家中最低水平的原因。20世纪80年代，日本的劳动生产率加速增长，似乎一度接近西方国家，但此后又再次放缓。并且，在本书中，笔者提到了日本的出口份额没有很多人想象得那么高，虽然在20世纪80年代出口份额曾有所上升，但现实情况是，当时达到峰值后即持续下降至今。当笔者这样说时，会有人反驳："当时日本的人均国内生产总值不是已经位居世界第三位了吗？"然而，日本的人均国内生产总值之所以暂时显著增长，是因为1985年的《广场协议》导致日元过度升值。人均国内生产总值是按名义汇率换算成美元，所以随着日元升值，数字自然会上升。

但是，如果采用更接近现实生活体验的购买力平价汇率，日本的人均国内生产总值仍然低得多，始终低于美国和德国。也就是说，事实情况是，日本这个国家不仅过去并不富裕，而且一直贫穷。虽然在20世纪80年代眼看就要跨入富国行列，但随后又倒退为穷国。如果搞错了这一点，就会在制定应对措施时得出根本错误的结论。20世纪80年代是日本电子工业快速发展并在世界市场上不断提升影响力的时期。虽说当时笔者还是个少年，但笔者也直接体验过技术的进步和日本公司的飞跃发展。

笔者现在是一名经济评论员，大家对这个工作的印象可能是所谓的文科工作。但笔者大学读的专业其实是核工程，一个硬核的理科专业。笔者上小学的时候非常痴迷电子工艺，甚至为了组装晶体管收音机被烙铁烫伤过一只手。但是，一段时间之后，集成了大量晶体管的集成电路（IC）开始迅速普及，可以制作的东西一下子得到进化。随后又出现了大规模集成电路（LSI），传统电子工艺的常识彻底被颠覆。

故事不止于此。在笔者还惊讶于LSI的出现时，电脑又开始普及了。电脑的普及（即向软件转变的时候）对还是个孩子的笔者来说，是一个极有冲击力的事件。如果要让一台组装好的机器完成不同的操作，就必须从头开始制作这台机器。但是，当我们使用个人计算机时，通过在软件中添加数十行代码，就可以轻松改变功能。从劳动生产率（本书主题）的角度来看，可以说实现了十倍或百倍的效率。

　　笔者上初中时，爸爸是公务员（和现在不同，公务员当时是月薪低的象征），所以笔者买不起电脑，只能玩一玩商店内展示的电脑，照葫芦画瓢，模仿着学习编程。当然，那时的笔者既不知道劳动生产率的定义，对企业活动也知之甚少。但即使还是一个孩子，笔者也能强烈感受到电脑厉害得有点离谱。

　　就算是初中生的笔者，也能体会到软件的巨大力量，所以知识渊博的成年人应该能更准确地把握形势。但现实中，很多日本企业对软件产业非常轻视，信息技术领域几乎所有的主动权都被其他国家抢走了。

　　正如笔者亲身经历的那样，从真空管到晶体管，再到集成电路和大规模集成电路，日本企业不断从各国学习新技术并稳步将其商业化。但不知为何，这种谦虚的态度从20世纪90年代开始逐步消失，导致我们的国际竞争力一直在下降。

　　我们为什么做不了以前一直能做的事？究其原因，无非是因为"骄傲"。我们非但没有沿袭过去的做法，反而不顾这段历史，在"日本是杰出技术强国"的前提下，做出了许多政策决定。为了防止日本进一步衰落，实现富裕社会，我们必须重新看清日本所处的真实位置，这也是笔者编写本书的主要目的。

幸运的是，日本拥有丰富的资本积累以及属于同一文化的1亿人的消费市场。尽管日本没有出众的自然资源，但也手握"资本"和"市场"这两个巨大资源，所以我们一定要充分利用这些资源。但是，要想通过国内消费（内需）来发展经济，我们自己必须做出很大的改变。

经济学解释了国内生产总值随消费增加而增加的机制，但它并没有回答消费为什么增加的根本问题。究其原因，消费最终是由消费者的心理决定的。很多人认为经济政策决定经济的景气度，但这并不是正确的认识。减税、公共建设、货币宽松等经济或金融政策只能起到从侧面支持个体经济活动的作用。真正促进经济增长的是我们自己的行动。虽然经济学有其局限性，但反过来说，这也意味着只要我们改变意识，经济就能不断增长。